世界公民叢書

未來的，全人類觀點

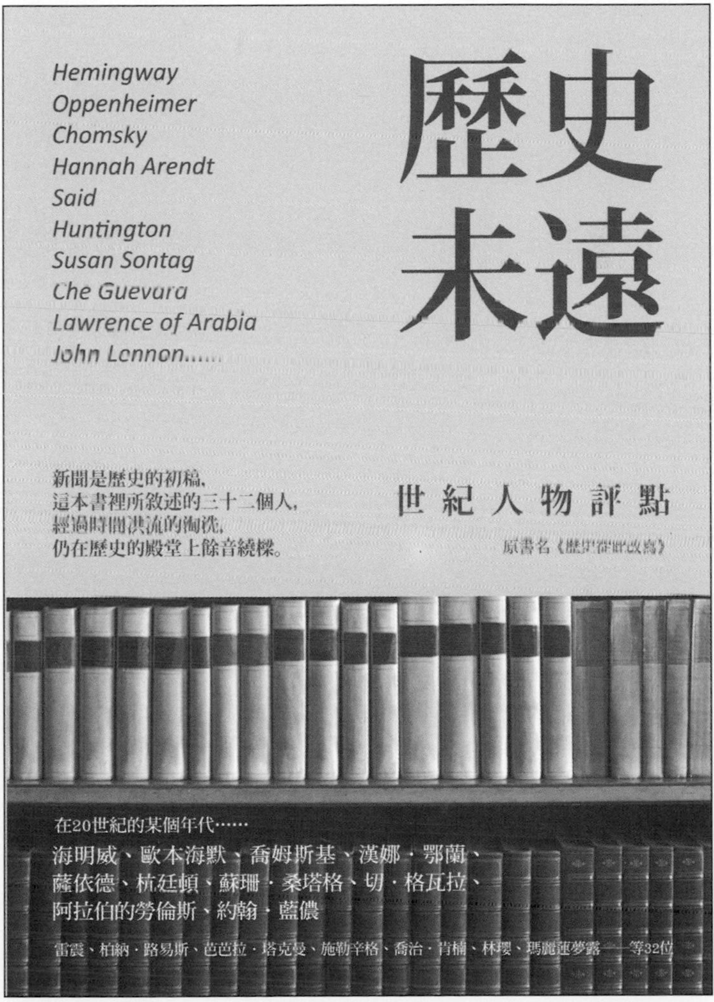
Hemingway
Oppenheimer
Chomsky
Hannah Arendt
Said
Huntington
Susan Sontag
Che Guevara
Lawrence of Arabia
John Lennon......
歷史未遠
新聞是歷史的初稿，
這本書裡所敘述的三十二個人，
經過時間洪流的淘洗，
仍在歷史的殿堂上餘音繞樑。
世紀人物評點
在20世紀的某個年代……
海明威、歐本海默、喬姆斯基、漢娜・鄂蘭、
薩依德、杭廷頓、蘇珊・桑塔格、切・格瓦拉、
阿拉伯的勞倫斯、約翰・藍儂
雷震、柏納・路易斯、芭芭拉・塔克曼、施勒辛格、喬治・肯楠、林瓔、瑪麗蓮夢露——等32位

作者◎林博文

謹以此書獻給我
親愛的兄弟姊妹

歷史未遠：世紀人物評點（原書名：歷史從此改寫）

【目錄】本書總頁數共264頁

II 軍人、革命家與活動家的吉光片羽

III 藝術家的心靈鴻爪

2006 年 5 月 13 日，語言學家喬姆斯基（Noam Chomsky）造訪黎巴嫩南方一座以色列的舊監獄時與記者會談。（見內文 44 頁）/ 路透社

前美國甘迺迪總統顧問施勒辛格（Arthur M. Schlesinger, Jr.）於 2001 年 3 月 22 日，在哈瓦那參加豬灣事件的四十週年紀念。此事件發生於 1961 年 4 月 17 日，美國甘迺迪政府協助流亡海外的古巴人推翻古巴總統卡斯楚，以失敗收場。（見內文 50 頁）/ 路透社

美國作家及歷史學者芭芭拉·塔克曼（Barbara W. Tuchman）將歷史、報導文學熔於一爐的才華使無數專業史家望塵莫及，她的歷史著作《八月的槍砲》（*The Guns of August*）於 1963 年獲普立茲獎，另一本鉅著《史迪威和美國人在華經驗：1911-45》（*Stilwell and the American Experience in China*: 1911-45）於 1972 年再度獲獎。（見內文 59 頁）/美聯社

11

麥卡勒（David McCullough）是當今美國最著名的通俗史家，他把老羅斯福、杜魯門和亞當斯寫活了，也把巴拿馬運河與布魯克林大橋的建造寫得有血有淚。
（見內文 70 頁）/ 路透社

美國政治哲學家漢娜・鄂蘭（Hannah Arendt）於 1969 年所攝。（見內文 74 頁）/美聯社

巴勒斯坦裔學者薩依德（ Edward W. Said ），才華洋溢，文學、哲學、政治與音樂，無所不精亦無所不通，他是巴勒斯坦的代言人，也是知識份子中的精品。（見內文 84 頁）/ 單德興教授提供

2006 年 11 月 9 日，獲得美國國家人文獎章的中東研究學者柏納．路易斯（Bernard Lewis，左四）與其他獲獎者在白宮合影。（見內文 89 頁）/美聯社

2002 年 8 月 7 日，哈佛大學教授杭廷頓（Samuel P. Huntington）在智利聖地牙哥接受路透社的訪談。（見內文 95 頁）/ 路透社

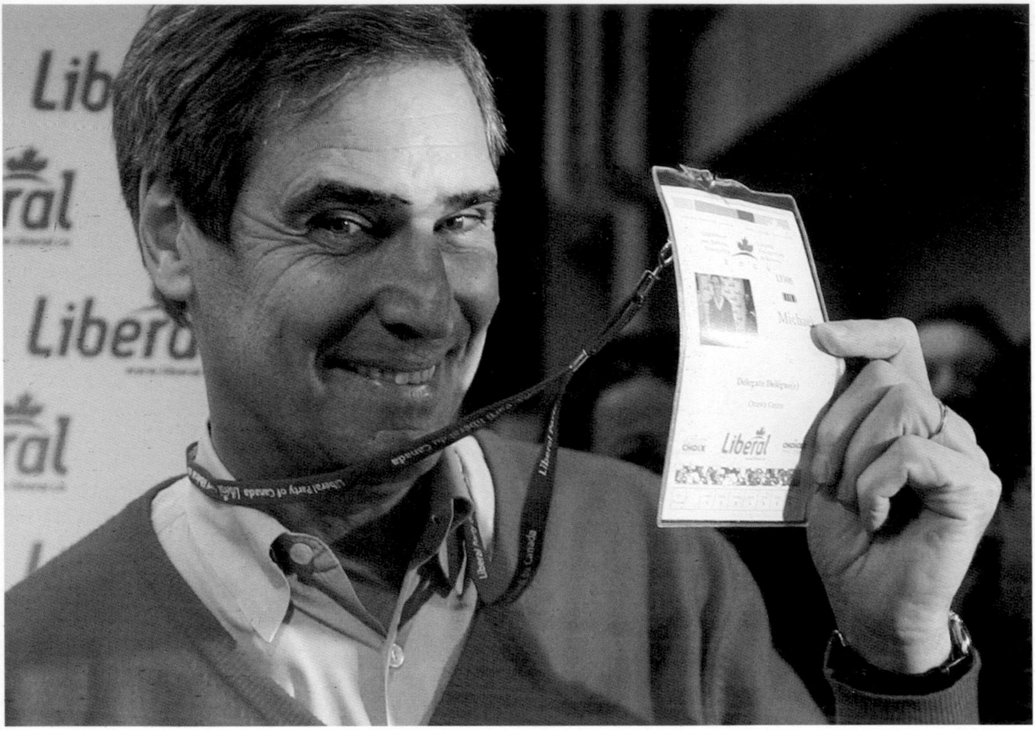

2006 年 11 月 28 日，加拿大自由黨領袖候選人伊格納齊夫（Michael Ignatieff）在蒙特婁的政黨大會登記參選之後，向眾人展示他的參選資格卡。他是加拿大著名的公共知識份子，曾先後在劍橋、牛津、柏克萊、巴黎大學講學。（見內文 99 頁）/ 路透社

1961 年 5 月 18 日，新任美國駐南斯拉夫大使喬治．肯楠（George Kennan，左），和南斯拉夫總統狄托（Tito）交談。（見內文 103 頁）/美聯社

美國文化界巨將蘇珊．桑塔格（Susan Sontag），於 2000 年獲美國國家書卷獎、2001 年獲耶路撒冷國際文學獎。這張照片攝於 2003 年 10 月 12 日法蘭克福書展，桑塔格榮獲該年度德國圖書大獎—德國書業和平獎。（見內文 108 頁）/美聯社

這張 1999 年的照片，為美國史上最偉大的劇作家之一——亞瑟．米勒（Arthur Miller）與其劇作〈推銷員之死〉（ Death of a Salesman）的演員合影，這齣戲被視為 20 世紀戲劇的經典。順時針由左到右為：Ron Eldard、亞瑟．米勒、Brian Dennehy、Ted Koch 及 Elizabeth Franz。（見內文 113 頁）/ 路透社

2002 年 10 月 24 日，美國電影導演伍迪・艾倫（Woody Allen）與劇作家亞瑟・米勒（Arthur Miller）在西班牙一個記者會後聊天。亞瑟・米勒生於 1915 年 10 月 17 日，於 2005 年 2 月 10 日過世。
（見內文 113 頁）／路透社

海明威（Ernest Hemingway）在 1961 年 61 歲生日前三個星期自殺。1953 年他和獵得的豹合影。
（見內文 120 頁）/美聯社

中國史學家、北京大學教授羅榮渠，治學領域廣闊，於世界近現代史、中美關係史、殖民主義史和現代化理論等領域內，都有專著和論文，頗受學界重視。他也經歷多次政治運動，並曾到台灣進行學術交流，1996 年 4 月 4 日因心臟病去世，終年 69 歲。（見內文 128 頁）/本書作者提供

《往事並不如煙》這本書，使章詒和成為名滿天下的傳記作家。她向中共黨機器箝制出版自由的挑戰，受到海內外的喝采。（見內文 138 頁）/ 章詒和女士提供

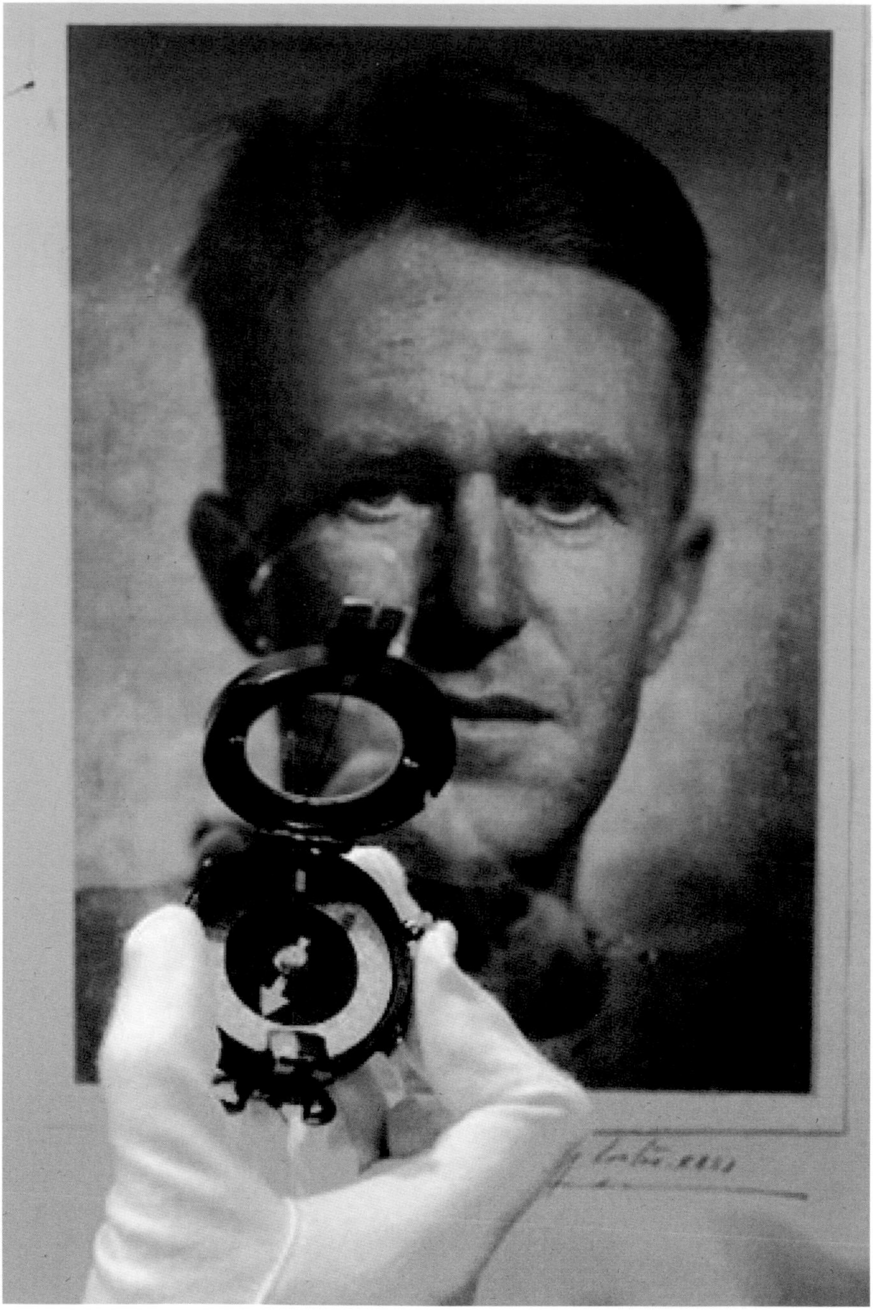

英國軍人作家勞倫斯（T. E. Lawrence）以「阿拉伯的勞倫斯」而聞名。這是 2006 年 9 月 22 日倫敦的一場拍賣會，拍賣員拿著勞倫斯曾用過的指南針在他的照片前所攝。該指南針將與他用過的一隻錶與煙盒一起拍賣，當時估計約為 12,000-16,000 英鎊。

（見內文 146 頁）/美聯社

美國第 32 任總統羅斯福夫人伊蓮娜（Eleanor Roosevelt，右）在 1946 年 3 月一場婦女聯合委員會為她舉辦的晚宴中，與美國第 28 任總統威爾遜夫人伊迪絲（Edith Wilson）握手問候。
（見內文 150、159 頁）/美聯社

羅斯福總統夫人伊蓮娜（Eleanor Roosevelt），攝於 1925 年。（見內文 159 頁）/美聯社

古巴革命英雄切．格瓦拉（Che Guevara）於 1964 年 12 月 13 日在紐約 CBS-TV 的〈面對國家〉節目錄音室中接受訪問，希望古巴與美國能改善雙方關係。（見內文 166 頁）/美聯社

歐本海默（J. Robert Oppenheimer）於 1963 年 4 月 5 日攝於普林斯頓。他在第二次世界大戰時期領導曼哈頓計畫，並發展了第一顆原子彈；然而他晚年對於參與這項計畫感到相當後悔。
（見內文 171 頁）/美聯社

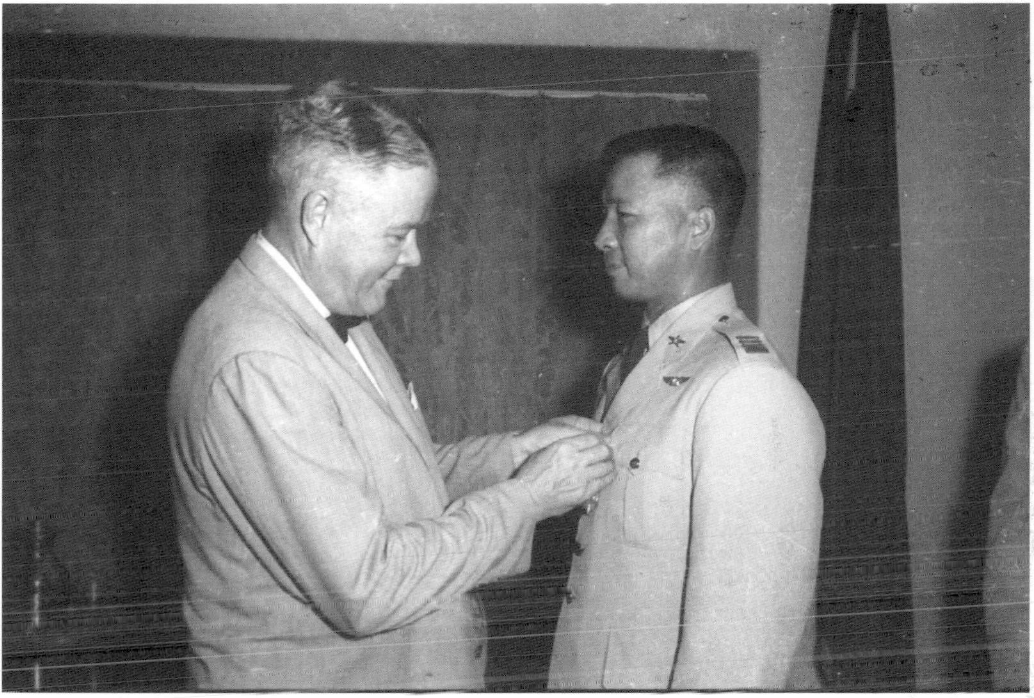

前美駐華大使藍欽（Karl L. Rankin）於 1956 年 5 月 10 日下午在美國駐華大使館以軍官級優功勳章一座，頒贈中國空軍總部衣復恩上校，以酬庸他在中國駐美空軍武官任內對中美兩國空軍的優異功績。衣復恩曾任蔣介石的專機飛行員。（見內文 182、207 頁）/ 中央社

大衛·洛克斐勒（David Rockefeller）與南非總統曼德拉（Nelson Mandela）在早餐會後合影，攝於 1998 年 9 月 18 日，紐約洛克斐洛中心。（見內文 194 頁） / 路透社

前五角大廈雇員艾斯伯（Daniel Ellsberg）賭上他的事業與終身坐牢的風險，揭露了機密文件《越戰報告書》。圖為 1994 年 11 月 1 日所攝，當時他在倫敦鼓勵那些替政府守密的官員也要站出來說真相。
（見內文 201 頁）／路透社

1952 年 11 月 28 日，自由中國雜誌創辦人雷震（右二）於創刊三週年設宴款待胡適博士（右一）。
（見內文 213 頁）/中央社

2006 年 10 月 27 日，藝術家林瓔在美國華盛頓州薩卡加維亞公園（Sacajawea State Park）談論未來的藝術創作。（見內文 222 頁）/美聯社

約翰・藍儂（John Lennon）於 1968 年 5 月 13 日在紐約記者會中宣布披頭四樂團於此日成立蘋果唱片公司（Apple Corps Ltd. ），並將於該月底發行他們的第一張雙碟裝專輯（Double Album）。（見內文 228 頁）/美聯社

瑪麗蓮．夢露（Marilyn Monroe）戴著巴羅達的月亮鑽石（Moon of Baroda）出席電影〈紳士愛美人〉（Gentlemen Prefer Blondes）的宣傳活動，她在片中曾主唱：「鑽石是女人最好的朋友。」（見內文 236 頁）/美聯社

這是美國郵政在 2005 年 1 月所發行的瑪麗安・安德遜（Marian Anderson）郵票。1939 年她被美國革命之女協會（Daughters of the American Revolution）以「限白人藝術表演者」的條例為由，拒絕她在華盛頓特區憲政廳演唱，第一夫人伊蓮娜・羅斯福以退出這個組織表達抗議，並安排她在林肯紀念堂（Lincoln Memorial）演唱，現場就有 7 萬 5 千人，還不包含數十萬的廣播聽眾。她同時也是第一位登上紐約大都會歌劇院演唱的黑人。

（見內文 244 頁）/路透社

德國攝影師與藝術家里芬絲陀（Leni Riefenstahl）在 2000 年 10 月 19 日的法蘭克福書展上，展示她的新書 *Five Lives*。里芬絲陀是德國獨裁者希特勒最賞識的攝影師，也是德國納粹時代的最後象徵，於 2003 年 9 月 8 日過世，享年 101 歲。（見內文 249 頁）/路透社

都市計畫兼公共建設大師莫西斯（Robert Moses）在 1960 年 3 月 11 日攝於紐約。
（見內文 253 頁）/美聯社

自序

約翰·甘迺迪一生多病痛，一九五四年十月曾做了一次高危險性的脊椎手術，其時他當參議員還不滿兩年。在養傷期間，甘迺迪從國會圖書館借了一堆美國史著作，他想要寫一本美國政治人物在艱難險阻的時刻，如何不顧個人的處境與前途，發揮道德勇氣與政治勇氣而留名青史。

勇氣（courage）是甘迺迪最佩服的一種美德，他於一九五六年出版的《勇者的側影》（*Profiles in Courage*），就是在病榻上和喬治城大學教授戴維茲（Jules Davids）、幕僚蘇仁森（Theodore C. Sorensen）合作的成果。甘迺迪挑選了八位參議員作為「勇者」的表率。這本書不僅獲得普立茲傳記獎，並對甘迺迪一九六〇年進軍白宮平添了不少助益。

勇者可以見諸於戰場和政壇，亦可出現於球場與文壇。歷史是人類所創造的，能夠在歷史洪流中掀起狂濤或激起浪花的人，並不一定是大人物，小人物扭轉時勢的事例亦所在多有，而勇氣則是改寫歷史的必要條件。

一九七二年六月十七日深夜，華府水門大廈二十四歲的黑人值班警衛法蘭克・威爾斯（Frank Wills）巡查大樓時，兩度發現六樓民主黨全國委員會辦公室被闖空門。在他的手電筒照射下，五名竊賊在黑暗中現身，這批人是奉尼克森競選連任委員會之命潛入民主黨總部偷拍文件，而爆發了改變美國歷史走向的水門事件。

當天晚上如果沒有威爾斯不顧安危地盡他的職責，則五名宵小也許能夠得逞，水門事件不會被揭發，踐踏憲法的尼克森亦不致含辱下台。一九七四年七月二十九日眾院司法委員會辯論彈劾尼克森案，南卡羅萊那州民主黨議員傑姆斯・曼恩（James Mann）發表了一段意義深遠的談話，他說：「如果無人敢負責任，則另一個總統亦會為所欲為，但那個時候可能就沒有守更的值夜人了。」

曼恩慷慨陳詞近三十年後，果然有另一個總統為所欲為，蓄意製造假情報和假證據，以反恐為藉口，悍然侵略與九一一事件毫無關聯，與賓拉登毫無關係的伊拉克，這個濫權枉法的總統就是無能無才無德無知的布希。布希和他的人馬蹂躪伊拉克而自陷泥淖的行徑，乃是美國有史以來最醜陋、最難堪的帝國出擊。

可歎的是，當布希政府準備入侵伊拉克時，美國國會和絕大部分媒體都變成了應聲蟲，紛紛搖旗吶喊，反對聲浪微乎其微，道德勇氣與政治勇氣蕩然無存。政壇與媒體的勇者，不見踪影；曼恩眾議員的預警不幸言中，環顧華府，連一個守更值夜人都看不到。此情此景。殆為美國歷史上的黑暗時代，甘迺迪泉下有知，必會為不肖子民而落淚！

勇氣誠然是推動歷史前進的重要因素，超卓的智慧與浩瀚的原創力，更是每一個領域的先驅人物不可或缺的質素。耶魯出身的藝術家林瓔（Maya Lin），二十一歲那年擊敗各路好手（包括她的老師），其所設計的「越戰紀念碑」榮獲全國首獎，但一群越戰老兵和帶有種族與性別歧視的藝術界人士，不願看到一個大學剛畢業的亞裔小女生奪獲殊榮，而盡全力抵制她、羞辱她。

林瓔面對來勢洶洶的逆流，毫不退縮。她的越戰紀念碑已成為華府最吸引人的一座設計精品。紀念碑所展示的原創性與人文深度，使全球藝術家同聲贊歎。越戰生還老兵終於慶幸五萬八千名陣亡袍澤的英靈得以和紀念碑同享光芒。

俞大維生前常說：「人生就像一齣劇本，每個人的劇本都早已寫好了，我們就照這個劇本演下去。」不過西方有句諺語說得更透澈：「最好的人生是不照劇本去演的。」（Life is best played without a script）本書介紹的三十二位智者，都在或長或短的人生旅途上留下烙印，在歷史的河川裡做一個出色的弄潮兒。他們也許都不靠劇本去「演戲」，因此他們的人生也就格外精彩和豐富。

這三十二個人都曾經是新聞人物，通常新聞人物很快就褪色或消失，但這三十二個人卻在歷史殿堂上餘音繞樑。媒體人喜言：「新聞是歷史的初稿。」，唯有對新聞人物作更深入的報導與剖析，方能凸顯他們真實而永恒的面貌。

非常感謝台北立緒出版社總編輯鍾惠民建議我結集文章出版，讓海內外讀者能夠透過這些人物的身影，進一步了解「水深波浪濶」的時代進程。

林博文

二〇〇七年仲夏於紐約

I

學者與作家的智慧火花

永不停息的叛逆者喬姆斯基

Noam Chomsky, 1928-

被委內瑞拉總統查維斯（Hugo Chavez）推崇的美國語言學家喬姆斯基（編按：或譯杭士基），在知識界和政論界享名已久，是美國左翼知識分子的泰斗，他反對美國在世界推行霸權主義、批判美國的言行不一和偽善，被譽為健在的世界頭號「公共知識分子」。

委內瑞拉總統查維斯二〇〇六年九月二十日在紐約的聯合國大會上，向一百九十二個會員國發表激烈的反美演說，手上拿了一本麻省理工學院語言學退休教授喬姆斯基的著作：《霸權還是生存：美國對全球統治的追求》（*Hegemony or Survival: America's Quest for Global Dominance*，下稱《霸權還是生存》），希望大家都讀這本書。

查維斯的演說痛斥布希是「惡魔」（devil），並稱聯合國已被「北美帝國」把持。

查維斯隨後在一場記者會上又提到喬姆斯基的《霸權還是生存》一書，他說美國人民不要老是看《超人》和《蝙蝠俠》這種只會使人更加愚蠢的電影。查氏在記者會上頗推崇四個多月前去世的哈佛自由派經濟學家高伯瑞（John Kenneth Galbraith）。可惜的是，在場採訪的《紐約時報》記者的西班牙文不甚靈光，竟在報導中把查維斯很遺憾未能和已故的高伯瑞見面譯成未能和已故的喬姆斯基見面。《紐約時報》後來更正了這項錯誤的報導。

查維斯在聯合國大會公開推薦《霸權還是生存》後一天之內，喬姆斯基即收到了一萬則電子郵件，而《霸權還是生存》亦成為美國各大網路書店的暢銷書，平裝本在亞馬遜網路書店排名第一，精裝本居第六；在博得思（Borders）和邦諾（Barnes & Noble）兩家連鎖書店的銷路亦直線上升。《霸權還是生存》於二〇〇三年出版，已印了二十五萬冊精裝本和平裝本，出版公司目前再加印二萬五千本，從麥迪遜威斯康辛大學到佛羅里達州，從科羅拉多到紐約，喬姆斯基的著作正火紅熱賣，美國讀者通過查維斯的大力推介，再回過頭來進一步認識喬姆斯基。

其實，喬姆斯基在知識界和政論界享名已久，他是美國左翼知識分子中的泰斗、語言學大師，被公認為當代最偉大的異議分子、一個「永不停息的叛逆者」（Rebel Without a Pause），他對美國以至全世界的反抗當權者運動、反對美國的霸權運動和虛偽外交政策，具有無比的影響力，不僅是全球左翼知識分子的精神指標，更是全球第一名公共知識分子（public intellectual）。

喬姆斯基於一九二八年十二月七日出生在賓州費城一個猶太人家庭，父親是希伯來語文學者，喬姆斯基日後在語言學上的造詣與成就，其父具開山之功。喬氏於五〇年代在賓夕法尼亞大學主修語言學、數學和哲學，一九五五年獲賓大博士學位。他年輕時因對政治感興趣，而走上專攻語言學之路。他說他受到紐約激進猶太知識分子的影響，傾向社會主義與無政府主義。

不滿由美國主宰世界

然而，在六〇年代反越戰運動全面爆發之前，喬姆斯基一直靜靜地在麻省理工學院的研究室內做學問，並在語言學及其相關的心理學、數學、邏輯、哲學和電腦等領域中開拓了許多新理論和新公式，而成為領先群倫的語言學大師。但越戰改變了他的學術走向與人生旅途，從一九六五年開始，喬氏積極投入反戰行動與著述，他在一九六九年出版的反戰論文集：《美國權力與新官僚》（*American Power and the New Mandarins*），被認為是最有深度與說服力的反戰著作。

在喬姆斯基的認知裡，美國是個欺世盜名的國家，到處行騙，無惡不作。他說，美國自稱自由與民主的象徵，為全世界點燃了自由與民主的火炬，其實這是謊言。美國是個濫用權力與侵犯民主的國家。喬氏即從美國撒謊成性的角度於最近推出了新著：《失敗的國家：濫用權力與侵犯民主》（*Failed States: The Abuse of Power and the Assault on Democracy*）。喬姆斯基認為美國最糟糕的是言行不一致，行事有雙重標準，是個道地的帝國主義者、種族主義者和偽君子。他說，從威爾遜總統開始，在全世界散布民主種子即成為美國對外政策的目標之一，但美國政府說的是一套，做的又是另一套。美國對外進行武力干預，經常是支持暴政、力挺獨裁，如伊朗、智利和瓜地馬拉的民主政府即在美國中情局幕後策動下被推翻。喬氏指出，美國的政治制度功能已完全腐爛，從小羅斯福、杜魯門到甘迺迪等自由派總統，以及從艾森豪、尼克森、雷根到今天的布希等保守派總統，美國的外交政策都是從黷武立場出發，「順我者昌，逆我者亡」。

四十多年來，喬姆斯基一直嚴厲批判西方的新自由主義和民主制度的偽善，他的特立獨行和先知式的時評，照亮了許許多多知識分子的良知。喬氏不僅批判美國政府及其外交政策，也對主流媒體（特別是《紐約時報》）毫不留情。一九六五年，喬氏親自跑到華府參加「向五角大廈進軍」的示威而被逮捕，和他一起被關的是名小說家諾曼．梅勒（Norman Mailer）。一九七〇年英國大儒羅素逝世，劍橋大學三一學院成立羅素講座，邀請喬姆斯基為首任羅素講座主講人。喬氏承襲了羅素的和平主義精神，認為知識分子的責任是「說出真理，戳穿謊言」。

西點軍校請他演講

近幾年來，喬姆斯基的著作已開始受到中國大陸讀者的重視，上海譯文出版社推出了一系列《喬姆斯基文集》，其中包括五種專書。喬氏雖然已不再授課，但他仍不斷地研究、著述和講學。二〇〇六年春天還應西點軍校之邀，演講「正義戰爭理論」，不少人對西點軍校竟會邀請美國最著名的左翼學者到校大談反戰，咸感驚訝。其實這也顯示美國學術自由與獨立思想之精神，不僅興盛於一般大學，亦存在於軍事學校。

喬姆斯基表示並不介意《紐約時報》報導查維斯說他已經去世，仍很樂意和他見面。喬氏說他不會用查維斯所使用的嚴厲字眼來批評布希，但他能夠理解查維斯的憤怒。喬氏說布希政府曾支持推翻查維斯的政變，查維斯當然不高興，「如果委內瑞拉政府支持推翻美國政府的政變，我們會認為那是笑話嗎？」喬氏目前仍每天到麻省理工學院的研究室讀書、看信。他的妻子也是一位語言學家，他們有兩個女兒和一個兒子。

據一項統計，喬姆斯基是被研究者引述最多的當代學者。二〇〇五年「全球知識分子民調」中，喬氏被選為在世的頭號「公共知識分子」。二〇〇六年《新政治家》雜誌作了一項統計，喬姆斯基在「當代英雄」中排名第七。

喬姆斯基和已去世的巴勒斯坦裔學者愛德華・薩依德（Edward Said）皆屬打倒偶像、反抗世俗威權的學者，他們兩人曾是好友，但現在只剩喬氏一個人孤軍奮戰。這個世界不能沒有喬姆斯基的智慧、深度與勇氣，否則人類社會將會像漫漫長夜一樣不見光明。

原載於二〇〇六年十月八日《亞洲週刊》

自由派史學大師施勒辛格

Arthur M. Schlesinger, Jr., 1917-2007

美國當代最負盛名的史學家亞瑟．施勒辛格，二〇〇七年二月廿八日晚上病逝紐約，享年八十九歲。他在八十三歲時，仍每日埋首寫作十小時，二〇〇〇年推出廣獲好評的第一卷回憶錄。施勒辛格於一九六〇年出版《羅斯福時代》（*The Age of Roosevelt*）第三卷之後，即加入甘迺迪總統團隊，「學而優則仕」，以史家身分成為總統特別助理，此後雖重返學界，然因改變寫作方向，而始終無暇完成「羅斯福時代」的完結篇。

猶太裔的施勒辛格，是個近乎天才型的讀書種子，十六歲進哈佛大學，主修歷史與文學，四年後以「最優成績」畢業，畢業論文獲榮譽獎（A+）並予出版。在劍橋大學研究一年後，獲選為哈佛文理學院院士，自己做研究，不必攻讀博士學位。二次大戰先後服役戰時新聞處和戰略情報處，二十七歲即和父親一起在哈佛歷史系教書，爸爸是正教授（哥倫比亞大學博士），他是副教授，同時他寫的《傑克遜時代》（*The Age of Jackson*）榮獲普立茲獎和全國書卷獎。施勒辛格總共寫了十餘本專書和無數的學術論文、政論文章及影評，其中，一九六五年出版的《一千日：甘迺迪在白宮》（*A Thousand Days: John F Kennedy in the White House*），為他獲得第二次普立茲獎和第二座全國書卷獎。

施勒辛格的第一卷回憶錄《二十世紀的一段生活》（*A Life in the Twentieth Century*），從出生寫到一九五〇年。為人機智、風趣而又博聞強記的施勒辛格，脖子上掛一個大蝴蝶結，是他的註冊商標。他不是一個坐在象牙塔中皓首窮經的蛋頭學者，他極為關心政治、熱中政治並親自參與政治；他是一個正統的民主黨自由派，他組織了一個「美國人促進民主行動」（ADA）團體，以推動民主黨的自由主義思想；他在五〇年代積極支持史蒂文生競選總統（兩度敗給艾森豪）；他反共，也反法西斯，因此，老左派、新左派和右翼分子皆曾大肆攻擊他。然而，沒有疑問的，施勒辛格不但是過去半個世紀美國最著名的史學家（專治美國史），也是最有影響力的一個公共知識分子。他徘徊於學術與政治之間，而又受到學界、政界與知識群眾的同聲敬佩。

甘迺迪總統和施勒辛格同庚，但在哈佛比他小兩屆，經甘迺迪的弟弟羅伯特的推薦，施氏在白宮做了三年的史官，為甘迺迪撰寫《起居注》，名義上是總統特別助理。

甘迺迪執政時，一批哈佛學者齊赴華府助陣，經濟學家高伯瑞（J. K. Galbraith）出任駐印度大使、史學家賴世和（E. O. Reischauer）、哈佛文理學院院長麥克喬治・彭岱（McGeorge Bundy）擔任國家安全顧問。高伯瑞說，施勒辛格不僅書寫歷史，且目擊和參與歷史的創造；施氏說他在白宮三年，是他一生中最快樂的時光，遺憾的是，好日子過早結束。另一憾事為他和國務卿魯斯克（Dean Rusk）曾發生過數次衝突，施氏在《一千日》一書中說，魯斯克每次在白宮開會皆一言不發，像一尊老彌勒佛一樣坐著不動，又說甘迺迪準備在連任後換掉他。魯斯克則在回憶錄《如我所見》（*As I Saw It*）中，猛烈嘲諷施勒辛格是弄臣、馬屁精和大嘴巴。

由於施勒辛格極度效忠甘迺迪兄弟，華府政壇曾譏諷施勒辛格是「第十個甘迺迪」，因老甘迺迪有九個子女，施氏剛好是第十個。也有不少人對施氏四十年來不遺餘力、不問是非地維護甘家形象的作法，頗不以為然。一九三八年和施勒辛格一起畢業於哈佛的同學，不乏名人之後，如小羅斯福之子約翰（John Roosevelt）、名報人赫斯特之子倫道夫（Randolph Hearst, Jr.）、老甘迺迪的長子約瑟夫（Joseph P. Kennedy, Jr.），以及日後當上國防部長的溫柏格（Caspar W. Weinberg）。但施勒辛格認為同級同學中最有名的是名記者白修德（Theodore White）。

一九三三年（民國廿二年）秋天，施勒辛格和他的父母親及弟弟，專程到遠東旅行，他們從神戶搭船到塘沽，再坐火車至北平，正在清華大學做研究、寫博士論文的費正清偕妻子費慰梅，熱情接待施家一行（七年後，施勒辛格娶了費慰梅的妹妹，和費正清成了連襟；施氏夫婦於一九七〇年離婚，育有四個子女；施氏於一九七一年再婚）。施家四人遊覽了長城、明陵和燕京大學（現為北大校址），施勒辛格並在紫禁城度過十六歲生日。施家又到上海、杭州、香港和廣州參觀，施勒辛格對北平的印象很壞，他說北平是一座死氣沉沉的古都（a dying city），街上到處是乞丐和士兵，喇嘛身上發出陣陣臭味，廣州則「其髒無比」（a filthy city），但對上海的朝氣與活力，留下深刻的印象。

關注兩岸事務主張維持現狀

施勒辛格回憶道，他在北平旅行時，中國老百姓畏懼的是日本人，他們認為日本人遲早會占領華北，而華中和華南一帶擔心的是共產黨。在上海，有人告訴施家父子，國民政府如無法改善農民的生活，則中共將有可能奪取政權。施勒辛格於五十四年後（一九八七年）重訪中國大陸，他說，中共早已將未能改善農民生活的國府趕出大陸，當年他在上海聽到的預言，終告實現。

中國問題雖非其本行，但他對兩岸事務的關注，並不亞於一般中國問題專家，他對兩岸事務的看法與觀點，與民主黨自由派的主張是一致的：在冷戰時代，美國即應承認中共，支持中共加入聯合國，保留台灣在聯合國的席位；在後冷戰時代，美國應繼續軍售台灣，使台灣擁有自衛能力，同時，美國亦應與北京維持友好關係，但須敦促其改善人權。質言之，施勒辛格和絕大多數民主黨自由派一樣，在過去一直主張兩個中國或一中一台政策，現雖反對中共對台用武，但亦不贊成台獨；基本上，希望台海維持現狀。

施勒辛格在白宮擔任總統特別助理時，甘迺迪總統曾告訴他，台灣在聯合國號稱代表全中國，是可笑的、不合理的（irrational），但甘迺迪不敢在執政第一年即改變美國對華政策，而且艾森豪總統於一九六一年一月十九日——甘迺迪宣誓就任前一天——在白宮當面警告四十三歲的新總統說：「我會全力支持你的外交政策，只有一個例外：如你讓中共進入聯合國以及美中（共）相互承認，我會挺身而出，強烈反對你。」艾森豪的國防部長蓋茨（Thumas Gates，後曾任美國駐北京聯絡處主任），並將一份國家安全會議的機密研究報告交給甘迺迪，這份報告指出美國可能捲入戰端的「全球五大禍源」是台灣、韓國、寮國、伊朗和柏林。

外蒙加入聯國引發美台衝突

一九六一年七、八月間，國府副總統陳誠訪問美國，與甘迺迪進行兩次會談後，甘迺迪對施勒辛格說，陳誠是他所見過的「最不可思議的中國人」（the most mysterious Chinese），又說，他和陳誠完全沒辦法溝通，陳誠只會一股勁兒重複蔣介石給他的指示，其時擔任翻譯的是國府駐美大使葉公超。葉大使日後透露，這項傳譯工作是件苦差事，陳誠在會談中，引述《孫子兵法》上的一句話：「多算勝，少算不勝，而況於無算乎？」包括國府外長沈昌煥在內的訪問團代表，無人理解這句話的意思，連才高八斗的葉公超，亦不太了解其義，葉氏說：「難怪甘迺迪聽了無動於衷。後來我便乾脆不再照譯，而僅把握說話重點，自圓其說，才算轉換了氣氛。」

華府和台北當時為了外蒙古申請加入聯合國問題，發生過外交齟齬。國府曾於一九五五年否決外蒙入會，蘇聯以否決十三個非共國家入會，作為報復。一九六一年，外蒙入會問題再成熱門話題，美國堅決支持外蒙入會，台北依然表示反對，美國頗為不悅，甘迺迪曾和陳誠談及此事，亦不得要領。憤怒的甘迺迪對施勒辛格等人說，蔣介石所具有的「人神俱滅」的脾氣，大概會不顧一切地進軍中國大陸。甘迺迪又說，關於外蒙入會問題，他將寫一封信力勸蔣介石改變立場，他也會囑咐前任駐聯合國大使洛奇（Henry Cabot Lodge, Jr.）拜託《時代》及《生活》雜誌創辦人魯斯（Henry R. Luce），敦勸蔣介石，他自己則將和周以德眾議員聯絡，請他協助向台北說項。魯斯和周以德都是「中國遊說團」的主力。國府在美國的強大壓力下，於一九六一年十月聯合國安理會票決外蒙入會問題時，採缺席方式，俾使和台北有邦交的茅利塔尼亞（Mauritania）及外蒙同時入會。但葉公超卻因不贊成台北當局反對外蒙入會以及遭沈昌煥告發以言詞侮辱元首與執政黨，而在聯合國開會前即匆匆奉召返台，從此形同軟禁。

八〇年代訪台表達悲觀看法

施勒辛格僅訪問過台灣一次。一九八六年五月中旬，施氏偕其好友、一九七二年民主黨總統候選人麥高文（George S. McGovern），連袂訪問台北一週，會晤了朝野人士，並在中央研究院發表演說。施氏返美後，曾於一九八六年五月卅日在《華爾街日報》以〈台灣的黃昏〉為題，發表其訪台印象記。當時台灣仍實施戒嚴法、國會仍充斥「萬年民代」、民進黨仍叫「黨外」。在台北的美國消息來源告訴施勒辛格，國府仍關押數百名政治犯，施氏在文章裡批評台灣仍是一個「獨裁國家」（an authoritarian state），並稱台灣上上下下充滿了不確定感，執政當局和在野人士都無法對台灣的前途，提出一套合理的、具體的方案。施氏表示，台灣獨立論在某些方面而言，是合乎邏輯的，但台獨會引發中共動武，而美、日對台獨亦不贊成。施氏又說，由於對前途充滿了不確定感，因此，台灣的政治討論也就帶有一種薄暮中的空幻感覺。施氏指出，台灣的年輕一代必須在民主化的環境中，為台灣前途進行嶄新和認真的思考。麥高文亦在離台記者會上強調，台灣應朝重視人權和多黨制度發展，走一條與大陸不一樣的道路，只有這樣，台灣才能獲得民主國家的支持。

施勒辛格訪台時，他所接觸到的中美人士都告訴他，蔣經國一旦去世，副總統李登輝不可能出任總統。結果大家都猜錯了。

施勒辛格生前最愛引用荷蘭史學大師彼得．戈耶爾（Pieter Geyl）所說的一句話：「歷史是一場永不停止的辯論」（History ia an argument without end）；施氏對美國史的貢獻、對甘家兄弟的美化、自由派色彩的政論以及對美國片面主義與帝國主義的譴責，亦必將引起後世史家「永不停止的辯論」。

原載於二〇〇一年三月十一日及二〇〇七年三月二日《中國時報》

寫活史迪威的女史家芭芭拉・塔克曼

Barbara W. Tuchman, 1912-1989

我屬於「如何發生」而非「為什麼發生」的學派。我是一個小事實的尋求者，而不是大詮釋者；是一個敘述者，而不是哲學家。

——芭芭拉・塔克曼

一九六二年十月古巴飛彈危機期間，敝精勞神的甘迺迪總統很嚴肅地對他的弟弟羅伯特說，他剛讀完芭芭拉・塔克曼描寫第一次世界大戰起因的名著：《八月的槍炮》（*The Guns of August*），他會牢牢記住歷史的教訓，全心全力解決美蘇飛彈事件，絕不重蹈歷史的覆轍，更不能讓日後的歷史家寫一本《十月的飛彈》來嘲諷他。

經過了十三天的煎熬和苦思之後，甘迺迪兄弟和白宮智囊平安無事地化解了幾乎成為一次熱戰的冷戰風波。甘迺迪總統是一個博覽群籍的人，他知道如何找出「歷史的相似之處」（a historical parallel），他也深知「以古為鏡，可以知興替」的道理。第二次世界大戰結束以來，美國歷任總統中，可說只有甘迺迪最具有「歷史感」。

•

曾在哈佛執教的詩哲喬治．桑他耶納（George Santayana）曾說：「忘記歷史教訓的人，注定要重蹈歷史的覆轍。」當代美國史家裡，最擅長在往事中找出實例，在歷史中尋求智慧，在經驗中得到啟發的高手，就是甘迺迪最欣賞的芭芭拉．塔克曼。甘迺迪與塔克曼誼屬校友，前者出身哈佛，後者則畢業於哈佛女校雷德克利芙學院。

美國現代最光彩的女史家芭芭拉．塔克曼，一九八九年二月六日因中風去世於康乃狄克州，享年七十七歲。

精湛造詣前無古人

從嚴格的角度來說，塔克曼並不是一個受過專業訓練的歷史學者：既沒念過研究院，亦無得過博士學位，更未在大學教過書。然而，這位出生於紐約市猶太望族家庭、畢業於哈佛女校雷德克利芙學院的「巾幗」，不但有精湛的史學造詣，且具一流的寫作才能。她將歷史、傳記和報導文學熔於一爐的才華，使無數的專業史家望塵莫及，「妒火中燒」。

不僅如此，塔克曼真能寫——她出了十一本書，有六本是全美暢銷書，有兩本獲得至高無上的普立茲獎。描述歐洲領袖錯估形勢而導致第一次世界大戰爆發的《八月的槍炮》，首獲一九六三年普立茲獎（一般著作非小說類）；過了九年，她的另一鉅著、厚達六百廿一頁的《史迪威和美國人在華經驗，一九一一至四五》（*Stilwell and the American Experience in China, 1911-45*），再度得一般著作非小說類的普立茲獎。這種殊榮，非特奠定了塔克曼在學術領域與非學術界的崇高地位，亦且使她成為美國家喻戶曉的人物。

塔克曼的著作，充分反映了她是一個治學極勤、用力極深、觸角極廣的史家。從《聖經與劍》（英國與巴勒斯坦的關係）到《齊莫曼電報》（德墨關係及外交情報戰）；從《遙遠的鏡子》（第十四世紀瘟疫史）到《第一個致敬》（美國獨立戰爭與國際關係）①，塔克曼在每一本書中，都發揮了她的特長；敘事詳明、文筆生動、人物突出、情節緊湊、一氣呵成。

道貫古今學淹中西

塔克曼不只寫西方，也不僅寫古代，她也寫中國，而且是近代中國。她選擇了近代美國與中國的關係做題目，在這個大題目之下，她挑出了美國名將史迪威做「橋樑」，來觀察自民國肇建至對日抗戰勝利期間，中美兩國載浮載沉的關係；並以這座「橋樑」的「崩垮」為例子，細密詳瞻地敘述了中美交往的恩怨與悲劇。

西點軍校畢業的約瑟夫．史迪威（Joseph W. Stilwell, 1883-1946），曾下苦功學中文，並於一九二六年至二九年，駐防天津，又於一九三五年至三九年出任美國駐北平軍事武官。史迪威是一個脾氣剛烈、個性耿直的人，他看不慣腐化、懶惰、庸碌和拖泥帶水，他更瞧不起虛偽、狡詐和詭計多端。這種個性和脾氣，是他成為既能訓練部隊、又能帶兵打戰的主要動力，但亦是在他的中國戰區參謀長任內，抑鬱寡歡終至悲劇收場的主因。

析論中國見解卓越

誠如塔克曼所言，擔任中國戰區最高統帥蔣介石的參謀長，不僅需要實戰經驗和軍事素養，更迫切的是，需要政治手腕和外交歷練。史迪威是一個百分之百的「武夫」、戰將，以這樣的背景在重慶出任中美聯軍的總協調人，既要應付蔣介石及國府高級將領，又得注意華北地區中共部隊的動態，還得和屢吃敗仗的英軍虛與委蛇。「錯誤的人物在錯誤的時間擔任錯誤的職務」，毋怪乎史迪威在戰爭未竟之時，乃有「斯人獨憔悴」的蒼茫落寞之感！

塔克曼女士在六〇年代中出版了《驕傲之塔》（*The Proud Tower*）（作者自認最滿意的著作），即傾全力準備撰寫史迪威和其他美國人在中美關係史上所扮演的角色，所引發的互動作用。在過去，雖有大量的論文和報導論述史迪威事件，也有一些專書論及史迪威在緬甸作戰的經過，但從未有一本專門著作討論史迪威與中國政治。塔克曼的《史迪威和美國人在華經驗》於一九七一年問世之後，立即轟動美國知識群眾，在暢銷書排名榜上歷久不衰。

史迪威事件（或稱史迪威危機）是中國近代史上的一樁大事，也是中美關係史上一件錯綜複雜的公案。其間涉及到的不只是史、蔣二人的正面衝突、中美軍事戰略與政治策略的互異，也隱含了東西文化的矛盾牴觸。但導致史迪威在一九四四年十月十九日被召返美的動因，殆為史氏要求蔣介石將所有中國軍隊的統帥權交給他。史迪威硬要「釋蔣介石兵權」的理由是：國府將領無能、部隊不能打、蔣氏將四十萬精兵部署西北以對抗中共而非日軍。因此，史迪威堅持只有讓他全權指揮中國軍隊，戰爭才能獲勝。

塔克曼同情史迪威，但敘事客觀、持論公允。她不但將史迪威刻劃得栩栩如生，並細緻地描述了抗戰時代的重慶政治、國府高層軍政領袖的眾生相、中國軍隊的光明與黑暗，孫立人入緬作戰的經過以及中美的戰時外交。塔克曼的長處和優點是，她能夠把任何一件複雜的事情，抽絲剝繭地娓娓道來，使讀者常有開卷而忘寢食之樂。專業史家屢譏塔克曼的著作，「常有遺漏、錯誤和失實之處」，並稱通俗歷史（popular history）不是真歷史；塔克曼則說她自己是「作家第一，史家第二。」

為了撰寫史迪威傳，塔克曼曾到台灣待了一段時間，與抗戰時代擔任兵工署長的俞大維有過數次長談。哈佛出身的俞大維多年後回憶他與這位哈佛校友的談話時，稱讚塔克曼是一流史家，史迪威傳亦為一流著作。俞氏說：「史迪威是一名戰將，能打仗，但不懂得搞政治。」

塔克曼在台灣蒐集資料、訪問史迪威的舊識時，曾「偷偷」訪問了孫立人卅八師的老部下。這些老兵告訴塔克曼，他們如何入緬、如何在史迪威和孫立人的指揮下作戰；塔克曼也告訴他們，史迪威看不起中國將領，他蔑視衛立煌、羅卓英、甘麗初（史氏建議槍斃他）和杜聿明等將領，他只欣賞孫立人。這些卅八師的老兵要求塔克曼在出書時勿提他們的名字，因為那個時候，台灣還是蔣家父子的天下，孫立人還在台中被嚴密地軟禁！永遠無法彌補的是，老將孫立人可以侃侃而談的時候，史迪威傳已經出版了將近二十年！

評價歷史老蔣心驚

塔克曼的著作出版後，最驚駭的就是蔣介石！老蔣不懂英文，宋美齡了解塔克曼的書所引起的震撼力之後，建議老蔣請人寫專書「答辯」。於是，在蔣介石的電報催促下，旅居紐約的梁敬錞（和鈞）乃做了御用學者，奉命利用〈大溪檔案〉等珍貴史料，撰寫《史迪威事件》，於一九七一年七月出版中文本，翌年六月由紐約聖若望大學出版英文版。但美國書評界對梁著的評價並不高，認為梁氏「像法官在判案，而不像史家在論史。」

史迪威為塔克曼帶來了第二個普立茲獎，但她是一個謙虛的人，她並不認為自己是「中國通」。然而，塔克曼在一九七二年十月的權威性雜誌《外交季刊》上，發表了一篇震驚美國政壇和學界的長文，題目是：「如果毛曾到過華盛頓」。塔克曼在這篇文章裡引用從未公佈的史料，第一次揭露了當年中美外交史上的一段秘辛，一段晦暗的篇章。她說，一九四五年一月九日，中國仍在對日抗戰期間，毛澤東和周恩來曾透過駐在延安的美軍觀察組代理組長克洛姆萊少校（Major Ray Cromley），向中國戰區參謀長魏德邁將軍表示，希望訪問華府與羅斯福總統會談，以建立中共與美國的工作關係。毛、周要求美方將他們的訪美意願轉達至「最高層的美國官員」。周恩來表示，如赴美成行，則希望美方提供飛機；如華府不願邀請，則希望美方守密，俾繼續維持中共與蔣介石的關係。

透露毛周一段秘辛

但是，毛、周訪美要求的訊息，在重慶美國大使館被赫爾利（Patrick Jay Hurley）大使留中不發，魏德邁雖然知道這項訊息，但也同意赫爾利的決定。

塔克曼說，一項極可能改變歷史走向的外交創意，就這樣被淹沒了！塔克曼說，如果毛、周來過華府，無人能想像他們和羅斯福會完成什麼「壯舉」，此後的韓戰、越戰會發生嗎？

塔克曼與中國的關係，非僅是著作而已，她的舅舅摩根韜（Henry Morgenthau，一九六七年去世），在羅斯福時代曾做十二年的財政部長。胡適任駐美大使時，和銀行家陳光甫聯手與美國談判桐油大借款的對手，就是摩根韜。而這位財長的父親（即塔克曼的外祖父），亦曾在威爾遜總統時代做過駐土耳其大使。

兼具史識史才史德

塔克曼是美國東部人文環境下陶冶出來的「精品」，她一生善用她的頭腦、智慧、才幹和精力，並將其編織成光彩的知識圖案，以輝耀社會的心靈。做為一個知識分子，塔克曼是一個不折不扣的自由主義者，她反對越戰、反對雷根；在保守氣氛濃厚、自由派噤若寒蟬的時候，她常挺身而出向保守派挑戰。做為一個史學工作者，她具有史識、史才和史德，她的每一部著作和收錄在「治史」（Practicing History）一書中的論文，都維持了良好的學格和上佳的功力。做為一個家庭主婦，她有三位卓有所成的女兒，和一個醫生老伴。她和這個老伴曾一度離婚，後來又復合。

塔克曼是一個永不知疲倦的人。在健康日漸走下坡的晚年，她仍著述不倦，並在一九八八年推出了有關美國獨立戰爭的史書《第一個致敬》。像以往一樣，這部最後的著作，也是暢銷書。

哈佛出身的新英格蘭詩人佛洛斯特，在〈雪夜林畔〉（Stopping by Woods on a Snowy Evening）中，描述一個只知工作而不歇息的人，因有約在先，「在安睡之前還得趕好幾哩路」（**And miles to go before I sleep**）。

塔克曼在安睡之前，已經趕了好幾哩路，在新英格蘭的雪夜中、在歐洲古城的石板路上、在台北的街道上，塔克曼已經趕了好幾哩路。現在，她永眠了，歷史天國多了一個女神，但人間塵世卻少了一個智者。

原載於一九八九年二月十三日美國《中報》
及一九九〇年美洲《時報週刊》第二七六期

註釋

①芭芭拉·塔克曼著作中英文名如下：聖經與劍（*Bible and Sword*）、齊莫曼電報（*The Zimmermann Telegram*）、遙遠的鏡子（*A Distant Mirror*）、第一個致敬（*The First Salute*）。

美國歷史知識傳播者大衛・麥卡勒

David McCullough, 1933-

一本描述美國開國元勳艱苦奮鬥的通俗歷史著作《一七七六》（*1776*），二〇〇五年出版後，一直高居《紐約時報》非小說暢銷書排行榜第一名，這本書的作者是當今美國最有名也是最出色的通俗史家、人物傳記家兼公共演說家大衛・麥卡勒。

四十年來，麥卡勒出版過八本書，每一本都是暢銷書，其中不乏在暢銷書排行榜上掄元達數月之久的史著與傳記，如老羅斯福傳、杜魯門傳、約翰・亞當斯傳、布魯克林大橋建造史以及巴拿馬運河開鑿史等。他得過國家書卷獎（兩次）、普立茲獎、法蘭西斯・巴克曼獎和其他大獎。二〇〇一年麥卡勒推出美國第二任總統約翰・亞當斯傳時，《紐約時報》稱他是「當代最有影響力的美國歷史知識的傳播者」，不僅好讀書的男女老少爭相看他的書、聽他演講，連老布希、柯林頓和小布希亦在白宮熱情款待他，請他在林肯寢室過夜，和他暢談美國歷史與人物，尤其是喜歡看書的柯林頓更是和他蓋個沒完。

麥卡勒，一九三三年生於賓州匹茲堡，耶魯大學英國文學系畢業，但對藝術最感興趣，大學時代最想做畫家，畫家夢雖告吹，日後卻變成為歷史人物立傳的第一流「畫家」。十七世紀英國政治家克倫威爾曾斥責為他畫像的畫師說：「畫我須是我」，麥卡勒畫誰像誰，從亞當斯到老羅斯福和杜魯門，他不但畫出他們鮮明的輪廓和靈魂深處，亦把歷史的脈動和時代的精神襯托出來。麥卡勒在耶魯求學時曾受教於名作家桑頓・懷爾德（Thornton Wilder），他說懷爾德對其寫作風格影響很大。

大學畢業後，麥卡勒即到《生活》雜誌做助理編輯，剛好甘迺迪總統上台，在就職演說中宣稱「火炬已傳遞給新一代的美國人」，呼籲美國人民「不要問你的國家能為你做些什麼，而要問你能為你的國家做些什麼。」滿懷激情的麥卡勒立刻響應甘迺迪的號召，放棄《生活》雜誌的工作跑到華府美國新聞總署做編輯兼撰稿員，同時，亦在很有名的通俗歷史雜誌《美國傳統》（*American Heritage*）寫文章，後來乾脆跳槽到這份雜誌上班，從此和迪俗歷史結緣，他說在《美國傳統》做事，等於是在上歷史研究所，對他的生涯具有開山作用。麥氏成名後，不少學院派史家很嫉妒他，常酸溜溜地說他寫的書「只不過是《美國傳統》的技巧」。

許多專家和業餘史家一再強調，寫歷史的第一要件就是要把故事寫活、寫得生動，也就是說要有第一流的敘事本領，而麥卡勒即為個中翹楚，很少人能望其項背。但有些學院派史家對麥氏的史觀和人物評價不能苟同，普林斯頓大學美國史教授魏林智（Sean Wilentz）即對麥氏所持「品格決定一切」的人物評價觀點，大不以為然。他說如果麥卡勒的說法正確的話，那麼常對妻子不忠的黑人民權領袖金恩牧師豈不是要打入十八層地獄？那甘迺迪總統呢？麥卡勒是個很傳統的史家，他心目中的偉大歷史人物都是在人生大節上沒有絲毫瑕疵的，他欣賞的是忠臣良相與道德高尚的政治家。他寫完杜魯門傳，就把下一部寫作計畫放在美國開國先賢，本來打算寫傑佛遜與亞當斯合傳，在做研究和蒐集材料時發現傑佛遜並不是一個光明正大的人，他就剔除傑佛遜，專寫亞當斯。

麥卡勒於一九九四年夏天接受美國公視訪問時，坦承他沒讀過古希臘史家希羅多德和修西的底斯（Thucydides）的著作，從未看過托爾斯泰等著名俄國作家的小說，美國作家梅維爾的名著《白鯨記》（*Moby Dick*）亦未過目。麥氏每次寫一本新書，都要花好幾年時間找資料、做研究，他不用電腦寫作，而是在一部古早的皇家牌（Royal）打字機上敲打。他住在麻州外海一個名叫「瑪莎的葡萄園」（Martha's Vineyard）島上（甘迺迪家族亦居此島）一座十八世紀的老房子，其妻常陪他到處演講，一年約一百三十場，有五個成年子女，最小的女兒是他的演講經紀人。

美國的傳記與歷史寫作相當興盛，民間擁有許多很好的通俗史家，也有不少學院派史家行有餘力為一般讀者撰寫通俗歷史而名利雙收，其中最有名的是在課堂上吹噓打過越戰而遭麻州芒荷里約克（Mount Holyoke）學院停職一年的美國史教授約瑟夫·艾立斯（Joseph J. Ellis）。這位以《開國弟兄們》（*Founding Brothers*）一書獲普立茲獎的專業史家，每次推出新著，都能暢銷一時，足見通俗歷史著作對社會知識群眾有多大的影響力。

盛暑季節，到海濱或深山度假的美國讀者、背包裡也許會有一本《哈利波特》和其他小說，但也少不了《一七七六》和人物傳記。

原載於二〇〇五年七月二十七日《中國時報》國際專題版

政治理論家漢娜·鄂蘭

Hannah Arendt, 1906-1975

德國出生，後入美籍的猶太裔學者兼作家漢娜·鄂蘭（中國大陸學界譯為阿倫特）可說是廿世紀最了不起、最有影響力的女政治理論家。鄂蘭不喜歡人家稱她哲學家，她說她是一個政治思想家或政治理論家。二〇〇六年十月十四日是鄂蘭的百歲冥誕，從德國到澳洲，從南韓到美國，有十餘場研討會展開，討論鄂蘭的思想、著作與貢獻。

其中最令人矚目的是紐約市郊巴德（Bard）學院於十月廿七日至廿九日召開的「在黑暗時代的思考：漢娜·鄂蘭的精神遺產」。這項研討會的名稱具有雙關意義，鄂蘭於一九六八年出版過《黑暗時代群像》（*Men in Dark Times*，立緒已出中文版），而目前恐怖主義猖獗，人類是不是又面臨另一次「黑暗時代」？研討會將邀請兩位主講人，這兩個主講人的思想完全不同，一位是「九一一恐怖攻擊事件」後從左派變成大右派，並堅決支持布希侵略伊拉克的英國籍作家克利斯多夫・希欽斯（Christopher Hitchens），以及在《紐約書評》雜誌撰文揭發美軍虐待伊拉克俘虜的馬克・丹納（Mark Danner）。

研討會在巴德學院舉行的原因是，鄂蘭和她的第二任丈夫亨利克・布魯徹（Heinrich Blucher）都葬在巴德校園，布魯徹（死於一九七〇年）曾任教該校十七年，鄂蘭於一九七五年去世後，她的所有藏書亦都捐給巴德學院。

鄂蘭已去世多年，但她所留下的「去思」卻越來越熾熱，出版界不斷推出她的傳記和思想評介的專書。研究她的博士論文每年都有，政治學學報和一般通俗刊物常有評論她的文章。鄂蘭一生（死時才六十九歲）最引人注意的經歷與成就包括：一、她和大學老師、德國哲學家海德格的情史；二、她和猶太人的關係；三、她對極權主義的精闢闡釋；四、她在政治理論和政治思想上的獨到貢獻。

鄂蘭在馬堡（Marburg）大學讀書時和大她十七歲的老師海德格相戀。海德格是德國存在主義的先驅，被認為是廿世紀最有建樹的哲學家之一。

已有妻室的海德格和鄂蘭的婚外情從一九二四持續至一九二八鄂蘭到海德堡大學攻讀博士始終止。兩人的師生戀被稱為「像火一樣熱」，但海德格的妻子不能容忍丈夫偷腥，而海德格本人又是個自私、好面子、又愛操縱人的偽君子。他們每次幽會都要按海德格的「指示」，安排時間與地點（通常是在鄂蘭的住處）。據說是海德格不願這段不正常的關係損及他的地位和前途，而要求鄂蘭轉學到海德堡。

這段情史引起後人關注的是，海德格與納粹有密切關係，而鄂蘭又是受到納粹迫害的猶太人。海德格很想成為納粹的哲學大師，但納粹並不太重視他的哲學。第二次世界大戰結束後，海德格忙著為自己平反，積極撇清他和納粹的關係。最令人驚訝的是，曾被納粹數度關在集中營而又數度逃亡成功的鄂蘭，卻在海德格面臨「存在」危機的時候挺身而出，為她過去的老師兼情人辯護。海德格一直活到一九七六年，八十七歲才去世。

鄂蘭於一九四一年到了美國，一九五一年出版震撼學界的經典：《極權主義的起源》，她在書裡分析了反猶主義、帝國主義和種族主義，並追溯納粹主義和史達林共產主義的根源。有人批評她並未建構嚴密的思想體系，且疏於縝密的邏輯論證；但她擁有別的政治學家所欠缺的犀利見解、獨特的觀察角度以及極富洞見的視野。

她精研古希臘哲學，在海德堡大學又獲存在主義哲學家亞斯培（**Karl Theodor Jaspers**）指導，完成中世紀天主教經院哲學家聖奧古斯丁的「愛的概念」博士論文。她在柏克萊加州大學、耶魯、普林斯頓（鄂蘭成為該校第一個獲正教授頭銜的女性），哥倫比亞、西北大學和芝加哥大學著名的社會思想系教書，晚年則多在紐約新社會科學院（**New School**）授課。

鄂蘭在學術圈有非凡的腦力人魅力，詩人奧登（**W. H. Anden**）、芝大政治學家漢斯・摩根索（**Hans Joachim Morgen-hau**）和近年被新保守派捧為大師的里歐・史特勞斯（**Leo Strauss**）都曾追求過她。

鄂蘭一生引發最大爭論的是她在六〇年代初以《紐約客》雜誌特約記者身分，前往耶路撒冷採訪以色列特工從阿根廷綁架返以的納粹戰犯艾希曼的審判。採訪報導先在《紐約客》連載後結集出版，書名為《艾希曼在耶路撒冷》（***Eichmann in Jerusalem***）。

鄂蘭以冷靜的頭腦觀察審判，她說艾希曼並不是出於仇恨猶太人或因本身太壞而屠殺成千成萬的猶太人，他只是像一個普通的官僚一樣盡他自己的職責，每天處理上級交代下來的例行公文，罪惡不是在可憐又可悲的艾希曼身上，而在制度。

鄂蘭採訪審判後創造了一個至今仍被廣泛引用的名詞：「平庸無奇的罪惡」（或稱「罪惡的平庸性」（the banality of evil）。猶太人非常不滿鄂蘭的報導，痛罵她是「猶奸」，但她的報導已成為經典。鄂蘭說：「權力和暴力雖是不同的現象，卻常一起出現。」

十月初在耶魯大學有一場鄂蘭研討會，題目是：〈我們合眾國的危機〉，與會人士幾乎都認為布希時代的美國等於是鄂蘭筆下極權主義的再現，副總統錢尼和前副國防部長伍夫維茲的獨斷作風又何異於當年的希特勒和史達林？也有人認為今天的美國在許多方面很像一個警察國家，陷入了南北戰爭以來的最大憲政危機。

鄂蘭留給大家最心悸的啟示是，極權主義並不是只會誕生於蘇聯、德國、義大利、毛澤東時代的中國這些土地上，即使像美國這個標榜自由、民主、法治、人權的國度亦在近代出現過白色恐怖。一名學者在耶魯研討會上指出，在布希時代，美國不是不可能出現像艾希曼這樣的人。

原載於二〇〇六年十月十八日《中國時報》國際新聞版

提升美國閱讀文化的女主編艾普斯坦

Barbara Epstein, 1928-2006

一九六二年十二月八日至一九六三年三月三十一日，紐約發生了空前（也可能絕後）的報紙大罷工，包括《紐約時報》和《紐約前鋒論壇報》在內的七份報紙受到勞資糾紛的波及。在長達一一四天無報可看的黑暗苦悶日子裡，紐約知識分子最懷念的就是《紐時》和《論壇報》每周日的書評特刊。

一天晚上，在書店做編輯的艾普斯坦夫婦在家請詩人羅伯特．歐威爾（Robert Lowell）和他的作家妻子伊麗莎白．哈威克（Elizabath Hardwick）吃飯，他們在酒酣耳熱中想到了出版書評雜誌。坐而言不如起而行，《紐約書評》（*New Yark Review of Books*）第一期於一九六三年二月一日出刊，他們邀請了名作家諾曼．梅勒、瑪麗．

麥卡錫（Mary Therese McCarthy）、威廉・史泰龍（William Styron）、詩人奧登（W. H. Auden）和初出茅蘆的激進作家蘇珊・桑塔格（Susan Sontag）寫書評。許多文化史家公認《紐約書評》第一期是美國雜誌出版史上最精彩的創刊號之一。

《紐約書評》在報紙罷工期間只出兩期，但在一九六三年六月，艾普斯坦夫婦和歐威爾夫婦決定辭掉工作全力投入《紐約書評》的出版。四十三年來，這份雜誌（一年出二十期）已成為美國最好的一本書評期刊，而且是自由主義的重鎮，不少高級知識分子不屑看紐時書評，但一定要認真細讀《紐約書評》。

其實《紐約書評》不只是書評，它是一本評論時事、外交、社會、文化、文學和藝術的綜合性雜誌。它擴大並豐富了書評的定義，而使書評變成既深且廣的文化論述。《書評》作者都是名家，主編不限制他們的字數、不干預他們的立場，讓他們盡情發揮。前幾年美軍在伊拉克虐待戰俘的醜聞被揭發後，《紐約書評》批判最力、分析也最深入。

艾普斯坦夫婦於一九八〇年離婚，他們有一子一女。傑生・艾普斯坦（Jason Epstein）離開《書評》雜誌後，一九九三和小他二十多歲的《紐時》記者結婚，這位女記者就是二〇〇五年因中情局洩密案坐牢八十五天、後遭紐時炒魷魚的茱迪・米勒（Judith Miller）。傑生現已八十歲，是美國出版界的大老，也是五〇年代袖珍平裝本的發明人。其妻芭芭拉離婚後曾和得過普立茲獎的專欄作家穆雷・坎布頓（Marray Kempton）同居，坎布頓於一九九七年去世。

芭芭拉・艾普斯坦畢業於哈佛雷德克利芙學院（Radcliffe College），曾在Doubleday出版公司當編輯，當年轟動全球的猶太女孩自述躲藏納粹搜查的《少女安妮法蘭克日記》（*Diary of Ann Frank*）即是由芭芭拉負責編輯。創辦《紐約書評》後，芭芭拉變得跟以前不一樣，文化評論家艾德蒙・威爾遜（Edmund Wilson）曾於一九五三年在橫渡大西洋的郵輪上碰到正在度蜜月的艾普斯坦夫婦。十二年後威爾遜又在作家麗麗安・赫爾門（Lillian Hellman）家裡遇見芭芭拉，他說她從未看過芭芭拉「如此活潑、如此美麗、如此快樂，可見主編《書評》雜誌帶給她多大的樂趣。」

芭芭拉負責文學、藝術方面的組稿與核稿，另一主編羅伯特・西維斯（Robert Silvers）則負責歷史、政治、科學部分。芭芭拉個子嬌小，但精力過人，經常工作到深夜，作者有事找她，她隨時都在，有人說她編雜誌就像剛進法學院就讀的新鮮人那樣認真拚命。她常寄書給作家、學者請他們寫書評，書裡總會附一張短信：「也許你對這本書有興趣」。她對作者的態度以及約稿和改稿，總是客客氣氣；她最愛請客，也最愛聽藝文界的一些馬路消息和八卦新聞。

芭芭拉很細心編雜誌，常在付印前一改再改。她非常了解書評者的本行與專長，也知道他們的相關興趣。美國開國史專家艾德蒙・摩根（Edmund Morgan）就常收到芭芭拉寄給他與美國開國史無關的書籍，請他寫書評。摩根說他多年後才恍然大悟：「芭芭拉讓我有心靈成長的機會。」主編書評雜誌和一般雜誌不同的是，書評雜誌不僅能夠帶動讀書風氣與書評水準，更可以促進文化評論和腦力激盪，而使公共論述空間更形充實。

筆者認為當今美國最好的雜誌就是《紐約書評》和《紐約客》，這兩本雜誌的主編都是猶太人。《紐約客》周刊最新一期（出版日期二〇〇六年八月二十八日）有一篇談論俄羅斯數學怪傑佩雷曼（Grigory Perelman）破解百年數學難題〈龐加萊猜想〉的長文，但一半以上內容是在述說哈佛數學大師丘成桐好權好名好鬥又忘恩（其師陳省身）的黑暗面，對丘有極多負面報導。

一生貢獻給《紐約書評》的芭芭拉，已於二〇〇六年六月十六日死於肺癌，終年七十七歲。她是一個真正的知識耕耘者，她所帶大的《紐約書評》已成為美國知識菁英不可或缺的糧食，芭芭拉為這本雜誌付出了生命，獲益的是廣大的讀者和美國文化。

原載於二〇〇六年八月二十九日《中國時報》國際新聞版

光芒四射的巴勒斯坦裔學者薩依德

Edward W. Said, 1935-2003

在廿世紀最後廿五年的歲月裡，薩依德可說是全世界最有名亦最具傳奇性與爭論性的學者。他是巴勒斯坦人，但也是個受過完整西式教育的基督徒；他在充斥猶太裔教授和學生的哥倫比亞大學擔任最高榮譽的大學講座教授（教英文和比較文學），但大力鼓吹巴勒斯坦建國並痛斥以色列屠戮巴勒斯坦人，而屢遭威脅和恐嚇；他在七〇年代末期出版《東方主義》（*Orientalism*）的經典著作，震撼全球知識界與文化界，而與法國學者法農（F. Fanon）成為風起雲湧的「後殖民研究」的兩大開山祖師；他勤於著述、演說、辯論和彈奏鋼琴，但他亦不忘以言論和行動介入中東事務，遊走於學術與政治間。

二〇〇三年九月二十四年以六十七歲之齡遭血癌擊潰的薩依德，曾推出回憶錄《鄉關何處》（*Out of Place*，或譯《格格不入》），以生動的筆調敘述聯合國於一九四七年通過以色列在巴勒斯坦建國，而使其童年與少年生活戛然以悲劇收場。一名專門研究薩依德的以色列學者，窮數年之功夫追蹤薩依德的早年生活，發現這位巴勒斯坦學者虛構其童年與少年故事。事實上，薩依德家庭環境極好，父親是富有的商人，頗重視子女教育。薩依德生於耶路撒冷的高級住宅區，一九四七年搬到開羅，先後上美國學校和英國人辦的貴族維多利亞學校（同學包括未來的約旦國王胡笙和影星奧瑪雪瑞夫）。一九五一年，薩依德移民美國，畢業於普林斯頓大學，一九六四年獲哈佛大學文學博士學位。

《紐約時報》記者問薩依德為何要虛構其童年往事，他說他從未否認在耶路撒冷和開羅成長，但他認為「那是不重要的」。然而，當薩依德成為巴勒斯坦在西方社會的最有力代言人，並在一九七七年成為巴勒斯坦全國委員會成員時，許多支持以色列的美國猶太組織與猶太學者，指責薩依德不僅不配稱為巴勒斯坦難民，亦無資格代表巴勒斯坦說話。薩依德是個勇氣十足的人，不但有學術勇氣，在人生大節上更有堅強的道德勇氣，他不顧身體的安全和生命的危險，為巴勒斯坦人的獨立自主與建國目標，到處吶喊，並參與制定巴勒斯坦新憲法。但在一九九三年阿拉法特和以色列簽訂奧斯陸協定後，他認為阿拉法特向以色列「投降」，而和他決裂。

支持以色列的人認為薩依德是個激進派，但大部分巴勒斯坦人則視他為溫和派。薩依德嘗言自己過著兩種截然不同的生活，一種是美國大學教授的生活，一種是強烈抨擊美國和以色列政策的生活。他也曾很感慨地自認是個既不屬於東方亦非屬於西方的「局外人」。也許就因為身上流的是阿拉伯人的血液，一輩子浸潤的是西方文學的經典教育，耳濡目染的是以色列在美國撐腰下對巴勒斯坦人的武力壓制，而使得學養深厚、才氣過人的薩依德，能夠對東方主義（或稱東方學）提出前所未見的新闡釋。他說，西方人眼中的「東方」（特別是阿拉伯世界），乃是西方基於偏見、貶抑、誤解和矮化而建構出來的一種歐洲觀點。也就是說，「東方」是被西方帝國主義歪曲、虛構出來的產物。

《東方主義》於一九七八年問世後，已被譯成二十多種文字（包括中文）；薩依德於一九九三年又推出《文化與帝國主義》（*Culture and Imperialism*）巨著。他的學說和理論，在美歐與亞洲形成一股學術動力，開啟了後殖民研究的風氣，同時亦帶動了文化研究、性別研究和解構帝國主義的熱流。台灣學界亦有不少人受到薩依德著作的啟發，而鑽研後殖民研究及其他相關學科。薩依德所提出的東方主義，主要是討論西方的伊斯蘭學與近東、中東研究史，似乎與西方的中國研究（或漢學研究）無關，但整個東亞文明和中國文化皆早已面臨西化、現代化與西方霸權侵蝕的困擾，伊斯蘭文化面對西方文化所遭遇的問題，亦同樣出現於東亞文明與中國文化，如美國通俗文化與物質文明對年輕人的吸引力，以及知識青年留學歐美，向西方「取經」而形成蔡源林教授所說的「以西方的東方學者所建構出來的東方來看待自己的母文化，而欠缺深刻反省能力的問題。」

薩依德在美國學術界和文化界，擁有相當多的敵人，宣揚「文明衝突論」的杭廷頓（Samuel P. Huntington）和已自普林斯頓退休的伊斯蘭文化學者柏納．路易斯，都是薩依德的死敵。九一一事件後，與薩依德反目的學者、作家尤多。但薩依德是個堅強不屈的人，他忠於他的學術觀點和政治立場，從不在變動的環境中向敵人低頭。他在一九九一年即患血癌，經過無數次化療的折騰，他還是充滿生命的活力。許多博士班學生以他的學說和著述為論文題材，他在學術上的貢獻是「不廢江河萬古流」的。

（台北立緒出版社介紹薩依德思想最力，已出版《文化與帝國主義》、《東方主義》、《遮蔽的伊斯蘭》、《鄉關何處》、《文化與抵抗》等中譯本。)

原載於二〇〇三年九月二十九日《中國時報》國際新聞版

侵伊戰的白宮導師路易斯

Bernard Lewis, 1916-

布希政府積極準備侵略伊拉克之際，白宮和五角大廈的高級官員，自覺不太了解阿拉伯歷史和文化，也不清楚回教（伊斯蘭）文化與阿拉伯民族的關係，他們找了一位精研阿拉伯歷史、文化、宗教與政治的老教授，到白宮開課，向布希、錢尼等領導人講解阿拉伯史和中東問題，大家像學生一樣認真做筆記。

這個被稱為伊戰理論教父的老教授，就是已經近九十歲的柏納．路易斯。路易斯原在倫敦大學教書，一九七四年轉到普林斯頓大學，擔任近東史講座教授，對回教、阿拉伯、波斯和鄂圖曼帝國，都有專精研究，著述極多，口才又好，學生很佩服他，而他又經常發表時評或上電視接受訪談，知名度很高。九一一事件後三個月內，他就跑了六趟華府，以「國師」身分，向布希政府提供反恐攻伊建議。

鷹派立場 思想西方至上

哈佛大學政治學者杭廷頓多年前撰寫「文明衝突」的文章和專書，名震全球學界和政界；事實上，「文明衝突」（clash of civilizations）一詞，乃是路易斯所創發的，杭廷頓借用它，加以更深邃、更具爭議性的詮釋。路易斯和杭廷頓的意識形態頗為相似，都是古典的自由主義者，政治立場偏右，也都帶有濃厚的「西方至上」的思想。

路易斯對自己遊走於學術與政治之間的角色，頗感滿足和自得。布希的首席政治顧問卡爾．羅夫（Karl Rove）親自邀他到白宮做客；錢尼和五角大廈一群高幹，把路易斯的著作和時評當作聖經來讀。路易斯能夠獲得布希政府青睞、尊重的原因是，他對伊拉克、以色列、巴勒斯坦、中東和整個阿拉伯世界的看法，受到布希政府的完全認同，尤其是對伊拉克和巴勒斯坦採取強硬政策的主張，尤使布希政府大興「吾道不孤」之感。和布希並肩入侵伊拉克的英國布萊爾政府，到現在還常向路易斯請教阿拉伯問題。

六、七〇年代，反對越戰的浪潮席捲全球時，路易斯不但主戰，而且認為美國政府對越共太過軟弱。他對中東問題，亦持鷹派觀點，他贊成以武力推翻中東地區的獨裁者、反對與伊朗和其他反美國家談判，九一一之後，路易斯說，如美國成功推翻海珊政府，伊拉克人民必定會載歌載舞歡迎美軍，其情況會比阿富汗首都卡布爾解放時，更加熱鬧。錢尼即以路易斯的預言為依據，而公開表示美軍一旦打進巴格達，伊拉克人民一定會向美軍獻花、喝采、歡呼。路易斯又強調，如伊拉克開始實施民主，則民主政治將會在中東和回教世界，引發骨牌效應。美軍入侵伊拉克十八個月以來，事實證明路易斯的預測，完全不對，美軍死了一千人，七千人負傷。伊拉克人民也許願意看到海珊下台，但對美軍占領他們的家園，卻是深惡痛絕。

分析時局　強調回教怒火

路易斯是猶太人，也是學界公認的第一流「阿拉伯通」，他認為阿拉伯世界都有一股非理性的「回教徒怒火」。他說，回教文化遭基督教文化壓制而式微，以及鄂圖曼帝國在二十世紀二〇年代的崩潰，而形成回教世界在文化上和政治上的大挫折，這種挫折即變成仇視西方的「回教徒怒火」。儘管路易斯精通回教文化與阿拉伯歷史，他的治學態度和理論闡述，顯然帶有不少西方人的優越感，而這種優越感，使他對時局的看法，常存偏見與成見。如同作家馬毅仁（Ian Buruma）所說的，路易斯擁有崇高的學術心靈，可以站在天際高處分析歷史與文化，但靠近地面的實務，他就不行了。

主張侵略伊拉克最力的一群「新保守派」，如副國防部長伍夫維茲（Paul Wolfowitz）、《旗幟周刊》（*The Weekly Stardard*）總編輯克里斯托（William Kristol）、提出「歷史終結論」的日裔學者福山（Francis Fukuyama）等人，都曾受教於芝加哥大學德裔哲學家史特勞斯（Leo Strauss）和社會思想委員會保守派教授卜隆姆（Allan Bloom）。他們尊奉史特勞斯所鼓吹的「哲學家皇帝」思想，試圖建立一元化的世界觀。媒體曾把史特勞斯當作新保守派的理論教父，但史特勞斯從未提及政治與外交問題，他只是提出抽象的概念，真正為新保守派提供「思想肌肉」的人，就是路易斯。

二〇〇三年九月去世的巴勒斯坦裔學者薩依德，和路易斯是學術上和政治上的死對頭，薩依德指責路易斯是一位對阿拉伯文化充滿偏見與蔑視的「東方學者」，並稱路易斯以學術為護身符，在華府推動親以反巴的政治議程。薩、路兩位大師，曾於一九八二年在《紐約書評》雜誌大打筆仗，雙方火藥味都濃。現在哥倫比亞大學擔任薩依德講座教授的卡立迪（Rashid Khalidi），亦曾和路易斯交鋒。卡立迪表示，美國中東政策的失敗，乃是無知、自大與偏見所造成，像路易斯這樣戴著有色眼鏡看阿拉伯世界的學者，為這項政策提供了理論基礎。

開藥治伊　引嚴重併發症

路易斯並不否認他是以色列游說團的成員，他說他的目的是要以色列更加安全，他認為中東地區只有以色列比較文明、開化，而且享有民主自由。路易斯二〇〇四年出版一本《從巴比爾塔到譯員》（*From Babel to Dragomans*），裡面蒐集了過去五十年所寫的文章。他曾寫過一篇文章，其中有一段盛讚回教（伊斯蘭教），稱它是世界最偉大的宗教之一，豐富了人類的心靈，但在新書裡卻不見這段文字。在過去發表的一系列時評中，路易斯曾表示美國不應干預中東事務，中東阿拉伯國家也不可能建立民主政治。他說，民主只是供英語民族實施的。這些論點，反映了路易斯的思維、觀點和立場，並不一致，且前後矛盾。

路易斯在他所著的暢銷書《到底出了什麼差錯？》（*What Went Wrong?*）中，陳述回教文明的衰退，他認為回教文明沉疴深重，西方世界應義無反顧地去拯救回教文明。他開的藥方，被布希政府奉為靈丹妙藥，大膽施之於伊拉克，結果卻引起嚴重的併發症。

原載於二〇〇四年九月九日《中國時報》寰宇版

編按：Bernard Lewis 著作《穆斯林發現歐洲》（*The Muslim Discovery of Europe*）已由立緒出版中文版。

提倡白人至上論的杭廷頓

Samuel P. Huntington, 1927-

哈佛大學政治學者杭廷頓的名著《文明的衝突與世界秩序的重建》（*The Clash of Civilizations and the Remarking of World Order*），已被譯成三十二種文字，這本書使他「名滿天下，謗亦隨之」，恭維他的和批判他的相互叫陣。九一一事件後，這本書又成為暢銷書，紐約世貿中心的被炸，似乎印證了「文明衝突」的理論，杭廷頓的名字再度響徹世界。

但是，二〇〇四年卻是杭廷頓最倒楣的一年，也是他學術生涯最低潮的一年。原因是他出版了一本名叫《我們是誰？對美國國家認同的挑戰》（*Who Are We: The Challenges to America's National Identity*），大肆譴責新移民（特別是以墨西哥人為主的拉丁裔）不愛美國、不喜美國文化、不願講英語、拒絕融入美國社會、企圖分裂美國。杭廷頓甚至說：「從社會和文化的角度來看，墨西哥移民正在鯨吞蠶食美國西南部。」

《我們是誰？》是一本立論極為偏頗的書，該書出版後即遭到自由派和保守派的圍剿，幾乎沒有一篇書評說好話。《紐約時報》首席書評家角谷美智子批評杭廷頓的論點，都是二十世紀八、九〇年代談了又談、辯了又辯的老掉牙的東西，不僅沒有新義，連分析和結論亦嫌簡單、空洞，而且全書充滿了「怒氣」。保守派的《紐約郵報》在書評中說，這是一本令人失望的書，對新移民的不實指控，只會提供讀者錯誤的訊息。

杭廷頓認為美國的「核心文化」涵蓋基督教、英文、新教價值、英國的法律與司法傳統、政府的有限權力；歐洲的藝術、文字、哲學和音樂，再加上美國的自由與平等觀念、個人主義、代議政府和私有財產權等。杭廷頓表示，美國的「核心文化」已被自由派思想家、跨國公司和拉丁裔移民所危害。他說：「只有典型白人社會創造出的美國夢，沒有西語裔（即拉丁裔）的美國夢。墨西哥裔美國人只有用英語作夢時，他們才會分享美國夢。」杭氏又說，西語裔和白人之間的文化分裂將取代黑人和白人之間的種族分裂，而成為美國社會最嚴重的裂痕。

怒氣沖沖的杭廷頓指責兩種人帶頭危害美國的「核心文化」，並導致新移民拒絕融入美國社會。第一種人是知識分子，其中包括柯林頓、高爾（因支持多元文化主義）；政治理論家邁可·華澤爾（Micheal Walzer）（因提倡多元主義）以及哲學家瑪莎·納斯邦（Martha C. Nussbaum）（因主張世界主義）。自稱是自由派其實是保守派的杭廷頓強調，多元文化主義實際上是反歐洲文明、反西方思想。另一種人則是全球主義者，他們包括新移民和從事跨國生意的商人。

杭廷頓為什麼如此痛恨西語裔移民？為什麼把矛頭指向新移民？為什麼如此固執地反對多元文化？一言以蔽之，杭廷頓是以極保守、極褊狹的心態出發，論述美國社會的現狀，他的偏激和頑固，使許多政治學者和社會學家都大吃一驚。哥倫比亞大學教授羅道夫說，杭廷頓的說法實在可悲，「我們以為只有憎恨外國人的人才會講出這種話。」他說，杭廷頓的分析「很瘋狂」。

進一步而言，讀者通過杭廷頓這本書，認識了他的「真面目」——原來他是一個白人至上主義者、盎格魯撒克遜文化保護者、種族主義者、排他主義者，難怪角谷美智子認為杭廷頓是在「提倡新孤立主義者的民族主義」。其實，杭廷頓對新移民的蔑視，可說是他的「文明衝突論」的部分延伸。他對白人基督教文明的禮讚、推崇和捍衛，再對照他對西語裔移民的撻伐，無怪乎文明會發生衝突。白人基督教文明既然自認比其他文明還高明，尤其遠高於回教文明，像賓拉登這種狂徒當然會向以西方基督教文明領導者自居的美國，施以慘烈地痛擊。

目前美國社會的五大移民來源是：墨西哥、中國（包括兩岸三地）、菲律賓、印度和古巴，這些地方的移民素質固然良莠不齊，但對美國社會、經濟和文化的貢獻，是有目共睹的，就像十八、十九世紀歐洲白人移民對美國有所貢獻一樣。不能因為膚色不同，而大歎美國「失去了國家認同」，這是很廉價的白人優越感。

德高望重的杭廷頓火氣十足地撰寫《我們是誰？》，而在昏頭昏腦中忘了他自己是誰，站不住腳的論點，遭到左右兩派的夾攻，使其學格與人格受損，可謂咎由自取矣。

原載於二〇〇五年一月十三日《中國時報》國際新聞版

勇於認錯的加拿大學者伊格納齊夫

Michael Ignatieff, 1947-

一九四七年出生的邁可．伊格納齊夫是加拿大最有名的公共知識分子。他的祖父在俄國沙皇尼古拉二世時代做過教育大臣，父親移民加拿大。伊格納齊夫畢業於多倫多大學歷史學系，後獲哈佛史學博士學位，曾在劍橋、牛津、倫敦政經學院、柏克萊加大和巴黎大學講學，亦曾在英國ＢＢＣ電視台主持叩應節目，為英國《觀察家》（*The Observer*）周報和《紐約時報星期雜誌》寫過多年專欄，出版過十六本書（包括小說）和無數政論文章。他所著的英國政治哲學家以撒．柏林傳（*Isaiah Berlin*，立緒已出版中譯本），花了十年時間撰寫，和柏林長談多次，被書評界公認為坊間一堆柏林傳記中最好的一本。

從二〇〇〇年至二〇〇五年，伊格納齊夫擔任哈佛大學甘迺迪政府學院「卡爾人權政策中心」（**the Carr Center for Human Rights Policy**）主任，主授政治哲學。二〇〇五年八月下旬，他辭去哈佛教職，轉至多倫多大學，一年後以自由黨黨員身分競選國會議員獲勝，開始從政生涯。

伊格納齊夫是鷹式自由派，他在二〇〇七年八月五日的《紐約時報星期雜誌》寫了篇懺悔文章，對當年支持布希侵略伊拉克感到後悔自責。伊格納齊夫說，他在一九九二年訪問伊拉克，親睹哈珊政府迫害庫德族，即認為哈珊應被推翻，這是他支持侵伊的遠因；近因則是受布希政府誤導，咬定哈珊擁有核生化大規模殺傷性武器，以及抱存解決哈珊、重建伊拉克即可改變中東戰略態勢的觀念。

此外，流亡海外的伊拉克「菁英」分子也向他力陳，趕走哈珊後，伊拉克人民一定會活在自由的國度；美國侵伊首日晚上，一名伊拉克流亡友人還向他重述這一代伊拉克人對自由的憧憬。伊格納齊夫說，現在想起來，這些「願景」有多遙遠啊！

《外交政策》和《展望》（*Prospect*）雜誌曾在二〇〇六年選出全球最有影響力的公共知識分子，第一名是經常向權力說真話的語言學大師喬姆斯基，伊格納齊夫排名卅七。伊氏說，許多人譴責布希的政治判斷，但其他人亦應受譴責，包括他在內。

他說，他在哈佛教政治學，每天和同事、學生大談政治理論和政治哲學，但學術殿堂與外在世界太不一樣了。學者和教授的想法及觀念如出錯，也許會受到批判、訕笑或引發學術論爭，但政客的決策如出錯，則會影響幾千萬人，甚至造成數十萬、數百萬人喪生。

伊格納齊夫引述德國「鐵血宰相」俾斯麥的名言說：第一流的政治家應具有比別人先聽到遙遠的歷史馬車蹄聲的能力。然而，回眸歷史，沒有幾個政客能夠成為「先知式」的政治家。伊格納齊夫說他對伊戰判斷出錯的根本原因，乃是他從學者的立場和學術的觀點看伊戰，同時又被反哈珊的情緒所左右。

但在布希侵伊前，幾乎所有的鷹式自由派都支持侵伊，如《紐約時報》外交專欄作家傅利曼（Thomas L. Friedman，目前已改口說伊戰完全失敗）和《紐約客》周刊總編輯大衛．奈姆尼克（David Remnick）。而《華盛頓郵報》在侵伊前發表支持伊戰的社論更遠多於紐時。

因此，支持侵伊已無關哪一種行業，最重要的還是受到布希政府反恐宣傳的影響。布希團隊操縱民心與媒體而又技巧地把反恐與伊戰掛鉤，獲致有史以來最成功、最有效的文宣戰。在布希政府百事俱廢的今天，民主黨控制的美國國會仍不敢挑戰布希的反恐口號。

伊格納齊夫指出，杜魯門的辦公桌上擺了個「責任止於此」（The buck stops here）的牌子，這表示杜魯門不會規避責任。不會規避責任才是做出正確判斷的第一步，布希如負責任的話，他應做的第一件事即公開承認以往的伊拉克政策都是錯誤的。

伊格納齊夫強調，政客如要擁有好的判斷力，首先就必須有自我批判的精神。他說，布希不願意花功夫去了解伊拉克，也不願意了解自己。在每一個人的內心深處都有一個「警鐘」（warning bell），布希是個過慣舒適太平日子的有錢人家子弟，他心裡面的警鐘早已停擺。即便響了，他也聽不到，因他完全罔顧外在世界的真實情況。

原載於二〇〇七年八月二十二日《中國時報》國際新聞版

冷戰外交教父喬治・肯楠

George Kennan, 1904-2005

圍堵政策創始人、二十世紀後半期美國「外交教父」喬治・肯楠，二〇〇五年三月十七日病逝新澤西州普林斯頓，享年一〇一歲。二〇〇四年二月，美國務卿鮑爾曾專程到普林斯頓祝賀肯楠百歲生日。

肯楠於一九四七年所提出的圍堵（containment）概念，和邱吉爾於一九四六年所發表的「鐵幕」（Iron Curtain）演說，建構了以美國為首的自由世界對抗以蘇聯為首的共黨集團的兩大外交底線。尤其是圍堵政策，成為美國冷戰外交的主軸，直至八〇年代末、九〇年代初東歐與蘇聯陸續瓦解。二戰結束後，美國開始執行「馬歇爾計畫」以協助西歐復興，此項計畫雖以時任國務卿的五星上將馬歇爾為名，但幕後的設計人即是肯楠。

主張「驅蔣保台」扶植孫立人

肯楠與兩岸政治亦有密切關係。一九四九年國府遷台，最早也是最堅決主張台灣獨立（由美國派兵保護）、趕走蔣介石（勸蔣流亡菲律賓）的人就是肯楠，當時他是國務院政策規畫局局長。肯楠同時又建議台灣實行公投以決定本身的政治前途，公投有三種選項：一、台灣獨立；二、由聯合國託管；三、繼續由蔣介石統治。

肯楠強調美國必須不顧一切以防止台灣落入蘇聯和中共之手，並保證美國對台有影響力。其時遠東事務助理國務卿巴特華綏（William Butterworth）則主張聯合國在台舉行公投以決定台灣命運。國務卿艾奇遜（Dean Acheson）否決了肯楠和巴特華綏的建議。

然而，國務院一些高級官員對「驅蔣保台」的構想仍懷高度興趣。繼巴特華綏出任遠東事務助卿的魯斯克（Dean Pusk）、政策規畫局副局長尼茲（Paul H. Nitze）（二〇〇四年十月九十七高齡去世）和肯楠三人，大力主張以孫立人取代蔣介石，並由尼茲草擬極機密的「台灣局勢的假設性發展」報告。這份報告的宗旨是：美國勸說孫立人發動兵變倒蔣。

圍堵政策受中共高度關注

一九五〇年六月下旬爆發的韓戰，徹底粉碎了國務院「擁孫驅蔣」的想法。肯楠建議讓中共進入聯合國以換取北京不介入韓戰的承諾，但未獲國務院採納。不過，肯楠曾警告美軍勿越過三十八度線，否則中共必出兵（周恩來亦曾託印度大使向美國作出類似警告），事態的發展果如肯楠所料。

一九八〇年秋天，中共邀請肯楠訪問大陸，對煙波浩渺的西湖景致留下深刻印象。一九九六年春天，一群美國政治學者訪問北京，他們發現中共外交官和學者個個都熟讀肯楠的十多本著作。在開會時，中方代表拿著寫滿注釋和眉批的肯楠專書，與美國學者熱烈討論肯楠的思想以及圍堵（大陸譯為「遏制」）政策的源起與演變，中共代表關心的是美國是否要圍堵中國大陸？美國國務院九〇年代中曾召開一次秘密會議，專門討論如何應付中共，會上出現了圍堵與接觸（engagement）的兩種不同看法。

深遠影響西方外交思維

肯楠自普林斯頓大學畢業後即進入國務院服務。一九三三年美國承認蘇聯，肯楠即在美駐蘇大使館任職，日後曾任駐蘇大使（被克里姆林宮宣布為不受歡迎人物而離職）、駐南斯拉夫大使。他的實際外交工作並不顯赫，亦乏相當建樹，但他極富創意的理念，卻深遠地影響二戰後美國和西方的外交思維及政策。

其中最膾炙人口的有兩件大事：一九四六年二月肯楠以美國駐蘇公使銜參贊的身分，向財政部發出一封八千字、長達二十英尺的〈長電報〉，剖析蘇聯國情，認為俄國人傳統上的不安全感、懼外症和屢遭侵略的挫折感，才是蘇聯向外擴張的原因，而不是馬克思主義。這份〈長電報〉原件二〇〇四年二月曾在普大圖書館展出，以配合肯楠百齡誕辰。

一九四七年七月，肯楠以筆名X在《外交事務》（*Foreign Affairs*）季刊發表震撼華府的長文〈蘇聯行為的源由〉（The Sources of Soviet Conduct），主張美國對蘇聯進行圍堵，並軍備援助盟邦以強化反共力量，從此圍堵思想即支配了美國的外交政策，但肯楠日後變成反戰、反教條的大鴿派後，譴責美國誤用其圍堵觀念（太偏重武力），他反對製造氫彈、反核、反對北大西洋公約、反越戰、反對人權外交、反對布希侵略伊拉克。一九九九年肯楠和普大教授理察·厄曼（Richard Ullman）對談外交，對美國的自負自大，頗有微詞，尤難苟同華府以「全球導師」自居。

季辛吉讚為美國外交巨人

肯楠為人溫文儒雅，文筆極好，五〇年代初被心胸狹小的國務卿杜勒斯炒魷魚後，即在普林斯頓高等研究所潛心著述，甘迺迪時代一度復出。頗吝於讚譽同行的季辛吉，稱頌肯楠是美國外交史上的巨人。這位外交智者（Wise Man）的辭世，象徵了一個時代的悄然遠颺。

原載於二〇〇五年三月十九日《中國時報》國際新聞版

反對美國黷武主義的蘇珊・桑塔格

Susan Sontag, 1933-2004

蘇珊・桑塔格是個有多方面才能的奇女子。她是作家、攝影家、女性主義者、社會活動家、人權擁護者、電影製作人和反戰人士。一生特立獨行的桑塔格，二〇〇四年十二月二十八日因癌症辭世，終年七十一歲。

桑塔格寫小說、雜文、劇本、文學批評和時事評論，筆鋒犀利，論點突出。在過去四十多年裡，她是美國知識界和藝文界最出名的女中豪傑，不僅有第一流的頭腦和銳利的觀察力，更有敢言的勇氣和美麗的臉孔。

桑塔格是猶太人，一九三三年生於紐約，原名蘇珊・羅森布拉特（Susan Rosenblatt），父親在中國大陸經營皮草（Fur）生意。蘇珊五歲時，其父過世，母親後來再嫁納森・桑塔格（Nathan Sontag），蘇珊和她的妹妹也就跟著改姓。蘇珊在亞利桑那州土桑（Tucson, Arizona）和洛杉磯成長，從小就是天才兒童，十五歲畢業於洛城北好萊塢高中，在柏克萊加州大學讀了一年即轉到芝加哥大學。

桑塔格在芝大讀二年級時和二十八歲的社會學講師菲律普・李夫（Philip Rieff）結婚，其時她才十七歲。結婚八年就宣告仳離（一九五八年），他們有個兒子叫大衛・李夫（David Rieff）。大衛長大後在 FSG 出版社當編輯，為他媽媽編書，自己亦成了作家。桑塔格從芝大畢業後，在哈佛、牛津和巴黎大學深造，曾經是哈佛大學博士候選人，但未完成博士論文。她亦曾在紐約市立學院、莎拉・勞倫斯（Sarah Lawrence）學院和哥倫比亞大學當過哲學及宗教講師。

桑塔格和丈夫離異後即未再婚，但交過許多男女朋友，她自承是雙性戀，然其膩友群中以女性居多，在她生命晚期和她最要好並在紐約格林威治村同居的是《浮華世界》（*Vanity Fair*）雜誌專屬攝影家安妮・雷波維茲（Annie Leibovitz）。桑塔格去世後，《紐約時報》在訃聞傳記中未提及雷波維茲，曾受到批評。因雷女是美國最著名的人像攝影家，而她在桑塔格的生命中又扮演極其重要的角色。

六〇年代是個躍動的年代，美國社會和文化景觀發生了大變化，桑塔格亦從六〇年代開始投身寫作界，她推出了第一部小說（*The Benefactor*），並透過《黨派評論》（*Partisan Review*）雜誌展開與紐約知識份子的互動。在任何一個聚會上，桑塔格總是焦點所在，影星兼導演的伍迪．艾倫（Woody Allen）和英俊的紐約共和黨自由派市長林賽（John Lindsay）以及一批紐約文化菁英，都曾經為她爭風吃醋。

桑塔格為人坦誠、率直又好發議論，是個爭議性的人物。欣賞她的人很多，憎厭她的人亦不少，但沒有人能夠否認她對美國社會思潮和文化動向的影響力。她的一本書或一篇文章，常引發讀書界的熱烈討論，並進而帶動風潮；她在六〇年代中期所寫的文章即為同性戀革命吹響了號角。其著作已被譯成三十二種文字。她的《論攝影》（*On Photography*）獲一九七八年全國書評圈獎；《在美國》（*In America*）得二〇〇〇年全國書卷獎；在《約紐客》雜誌發表的〈查看戰爭〉（Looking at War）得二〇〇二年喬治．波克獎（George Polk Award，文化評論獎），這是她第二次得波克獎。桑塔格一生獲無數殊榮，她去世後兩天，塞拉耶佛（Sarajevo，前屬南斯拉夫，現歸波士尼亞）市長宣布將塞城一條街道命名為「蘇珊．桑塔格街」以表彰她對塞城遭塞爾維亞人蹂躪時的人道支援。塞城於二十世紀九〇年代陷入圍城四年期間，桑塔格曾在該城導演愛爾蘭劇作家貝克特（Samuel Beckett）的戲劇〈等待果陀〉（Waiting for Godot）。

一九八七年至一九八九年，桑塔格擔任國際筆會（PEN）美國中心主任，大力鼓吹寫作自由以及保護作家的生命安全，建樹殊多，頗獲好評。

桑塔格具有多方面的才幹，但她留下來的最珍貴遺產（legacy），也許是她從人道主義和人類和平格局出發的反戰觀點。越戰期間，她曾到河內去訪問；九一一事件後，她在《紐約客》雜誌撰文譴責賓拉登及其黨羽之際，她也批評美國的帝國主義心態，並稱在高空投彈的反恐戰，乃是一種懦夫行徑。二〇〇二年九月十日，九一一兩周年紀念前夕，她又在《紐約時報》撰文痛批布希政府利用反恐打壓國內的公民自由（civil liberties）、糟蹋憲法和國際法。她說，反恐是一種行動，不能稱為「戰爭」，布希的反恐戰只是一種幽靈戰爭。

二〇〇三年三月美國揮兵侵略伊拉克，許多當年反越戰的自由派學者、作家和媒體人都支持布希，他們相信布希政府所編造的侵伊理由（伊拉克擁有核武等大規模殺傷性武器），皆認為獨裁者哈珊總統必須滾蛋，即連《紐約時報》、《華盛頓郵報》和其他自由派媒體也都力挺布希侵伊。其時，只有極少數知識人膽敢站出來反對布希，桑塔克和喬姆斯基就是其中的勇者。事實證明，布希侵伊是美國立國兩百多年以來最可悲、最荒謬、最不道德的黷武擴張，伊拉克人民慘遭生靈塗炭、家破人亡的大悲劇。

桑塔格與癌症搏鬥三十餘年（乳癌和血癌），她是個堅強的女鬥士，惡疾纏身，仍不停地讀書、思考和寫作，直至生命的最後一刻。桑塔格走了，美國的知識界顯得異常寂寞，人類的心靈亦會更加貧乏。

本文部分內容原刊於二〇〇四年十二月三十日《中時晚報》

戲劇大師米勒的中國情懷

Arthur Miller, 1915-2005

名滿天下的美國劇壇大師亞瑟・米勒二〇〇五年二月十日病逝於康乃狄克州農莊，享年八十九歲。以《推銷員之死》（*Death of a Salesman*）和《激情年代》（*The Crucible*，又譯《煉獄》）兩部不朽作品而奠定文壇地位的米勒，被公認為二十世紀美國最出色的三大劇作家之一，與尤金・奧尼爾（Eugene O'Neill，一九三六年諾貝爾文學獎得主，五三年卒）、田納西・威廉斯（Tennessee Williams，一九八三年卒），同顯光芒。

但是，在非創作領域中，稜角突出的米勒卻比歐尼爾和威廉斯更加精采。他在白色恐怖泛濫的五〇年代，因拒絕告發朋友而遭到政治迫害。

他熱中政治、思想激進，五〇年代反對麥卡錫主義、六〇年代抗議越戰，過去兩年則反對伊戰。他在六五年至六九年出任國際筆會會長，大力維護創作與表達自由；六八年和影星保羅紐曼同屬康州代表出席民主黨全國代表大會。除了劇作，米勒最為人所知的是他娶了性感影星瑪麗蓮夢露，五年婚姻，悲歡人間。

猶太裔的米勒，一九一五年生於曼哈頓上西城，父親從事成衣生意，幼時家境富裕，要什麼有什麼，但二九年爆發的經濟大蕭條卻衝垮了米勒一家的全部資產，全家搬至布魯克林區的一棟破舊公寓，小米勒開始打工、送麵包、做木工、養實驗鼠、在造船廠和修車廠當學徒。十六歲時，米勒就立志要當作家。他在大蕭條時期所經歷的家庭變故以及他個人的謀生遭遇，使他對社會不公、人生坎坷和道德淪喪等問題特別關注，而成為其創作的原動力。米勒在紐約讀完高中就到安娜堡密西根大學念書，從大二到大四，每年都獲劇本寫作獎。

米勒關心中國局勢

米勒是天生的政治動物，關心時事，到了年老仍記得一九三五年的一個下午，日本傳教士香川豐彥到密大演講，把東北說成日本的滿洲國，在場的五十多名中國留學生馬上退場抗議。一名中國留學生在校園募捐，準備邀請名人蒞校演講抗日，米勒對他說：「何必花錢邀名人，你自己就可以發表抗日演說。」米勒關心中國局勢的熱忱，一生都沒有衰退，他說他對美國記者斯諾（Edgar Snow）所寫的《西行漫記》（*Red Star Over China*，又譯《紅星照耀中國》），留有深刻的印象。

大學畢業後，米勒在兩年內連寫了十六部劇本，十五部被出版社退稿，只有《鴻運高照的人》（*The Man Who Had All The Luck*）在百老匯演了四場。四七年，米勒推出《全是我的兒子》（*All My Sons*），獲紐約劇評家獎，擊敗了尤金·奧尼爾的一部作品，而使他信心大增。這部作品亦獲兩項東尼獎和四七年十大好劇之一。四九年是米勒劇運大升的一年，他以六週時間寫成《推銷員之死》。在百老匯演出後，震撼全美，一舉獲得東尼獎、紐約劇評獎和普立茲獎等，那年米勒才三十三歲，但已成為劇壇巨匠。

《推銷員之死》的主角是個命運多舛、事業不順的推銷員威利·洛曼（Willy Loman），在生活的壓力下一籌莫展，嘗盡世態炎涼，最後走向死亡之路。這部作品描寫的不僅是洛曼一人的悲劇，更是對整個社會與制度的控訴。美國有洛曼，其他國家也有無數的洛曼。《推銷員之死》被翻成二十九種譯本，經常在世界各地上演。美國一些右翼劇評家譴責米勒藉這部劇本推銷馬克思思想和感傷主義，是「共產主義的宣傳品」。

劇作影射白色恐怖

五〇年代美國極右翼共和黨參議員麥卡錫藉口反共而掀起白色恐怖，隨意攻擊他人是共產黨或是共黨同路人。亂拋紅帽子，肆意製造恐共病，全美風聲鶴唳、人人自危，尤其是外交界、學術界和影藝界首當其衝，美國變成一個有病的巨人。米勒看不下去了，他在五三年寫成一部十七世紀麻州塞勒姆小鎮搜捕巫者的劇本，以影射白色恐怖所推動的政治迫害，劇名是《激情年代》。此劇獲得東尼獎之外，更是米勒十七部劇作中在世界各地上演次數最多的一齣劇。

由於米勒年輕時常和共產黨人士來往，並參加他們的演講會，五六年遭眾院非美活動委員會（House Un-American Activities Committee）要求出席作證，有骨氣的米勒拒絕告發別人而被該委員會控以「蔑視國會」罪名。那一年，他的母校密西根大學贈送他名譽文學博士學位；那一年他的護照被吊銷；那一年，他和瑪麗蓮夢露結婚。米勒日後在自傳中透露，非美活動委員會主席私下要求和夢露握手拍照，米勒如答應，即取消聽證，米勒堅拒。兩年後，蔑視國會罪名被最高法院撤銷。米勒的英勇表現和他的好朋友、大導演伊力卡山（Elia Kazan）的懦夫行徑形成強烈對照。伊力卡山曾導演米勒的《全是我的兒子》和《推銷員之死》，他在非美活動委員會上告發了一批朋友，出賣他們，而被影藝界所不齒，米勒和他絕交，多年後始復交。

三段婚姻和一段情

米勒於一九四〇年和他的大學女友結婚，生下一男一女；仳離後娶了夢露，六一年離婚（夢露翌年自殺身亡）；六二年娶奧地利攝影家英格・莫瑞絲（Inge Morath），育有一女。米勒和莫瑞絲合著數本文字配圖片的專書，其中包括《中國邂逅》（*Chinese Encounters*）和《推銷員在北京》（*"Salesman" in Beijing*）。二〇〇二年莫瑞絲病逝後未久，米勒結識比他小五十五歲的畫家愛格妮絲・巴莉（Agnes Barley），兩人準備結婚，但米勒晚年多病（癌症、心臟病），女方家長又有意見，終未成眷屬。

當年夢露與洋基棒球隊名將狄馬喬離異後，成為伊力卡山的女友，伊利卡山利用導演之便，與許多女明星「拍拖」，一天晚上要求米勒照顧夢露以掩飾他和另一女星幽會，沒想到夢露和米勒一拍即合，伊力卡山後悔極了，不少藝文界和影劇圈人士也頗為嫉妒。名作家諾曼．梅勒酸溜溜地說，米勒和夢露結婚乃是「偉大的美國頭腦和偉大的美國肉體結合」。米勒與夢露婚後雖不幸福，但他們的婚姻卻救了一個偉大的非洲作家。一九六六年奈及利亞強人軍頭亞庫布．戈旺（Yakubn Gowon）正打算把獄中的索因卡（Wole Soyinka）處死，米勒以國際筆會會長身分籲請戈旺將軍釋放索因卡。戈旺收到電報後即問他的幕僚：「米勒是不是娶瑪麗蓮夢露的那個人？」幕僚答道正是，戈旺二話不說即釋放索因卡。二十年後，索因卡獲得諾貝爾文學獎。

米勒一直嚮往中國，五〇年代曾公開批評國務卿杜勒斯拒絕批准記者訪華，而遭聯邦調查局警告。七八年米勒偕妻子莫瑞絲首度踏足中國大陸，他說中國作家在文革所受到的迫害比他在白色恐怖所受到的制壓，更要悲慘百倍千倍。八〇年，中國最有名的劇作家曹禺在演員英若誠陪同下訪美，最感人的一站是在紐約。三月二十四日晚上，哥倫比亞大學於國際關係學院大禮堂為曹禺舉行盛大歡迎會，米勒致詞，盛讚曹禺成就。後由曹禺介紹中國戲劇發展與近況，英若誠翻譯。

要求中國味的詮釋

八三年，米勒夫婦又到中國，在北京住了兩個月，親自指導排演《推銷員之死》。米勒堅持演員不可化裝成洋人的模樣，要演成有中國味道的《推銷員之死》，他說世界各地都有洛曼的影子，中國亦不例外。

米勒的一生是一場戰鬥的人生，在創作上、政治上和情愛上，一直都站在第一線，他是個完全脫離象牙塔的寫實劇作家。米勒去世那天，百老匯數十家劇場外的看板皆在開場時熄燈，以悼念米勒。今後西方劇壇，將因米勒的離去而更黯淡。

原載於二〇〇五年二月二十七日《亞洲週刊》

海明威和抗戰中國

Ernest Hemingway, 1899-1961

一九九九年七月二十一日，適逢美國小說家海明威百年冥誕，全球各地文壇已陸續舉辦各項紀念活動以緬懷這位二十世紀最具影響力的偉大作家。海明威的次子派屈克（Patrick Hemingway）並將其父生前未完成的自傳體小說《初曙顯真》（*True at First Light*）整理出書。

老人與海 感動蔣經國

海明威於一九二五年出版的《旭日又東昇》（*The Sun Also Rise*，一譯《妾似朝陽又照君》)、一九二九年推出的《戰地春夢》(*A Farewell to Arms*)以及一九四〇年問世的《戰地鐘聲》(*For Whom the Bell Tolls*),非唯帶領風騷,且奠定其在文學史上的不朽地位。一九五三年以《老人與海》得普立茲年度最佳小說獎,翌年再獲諾貝爾文學獎。一九九八年蘭燈書屋的「當代文庫」選出本世紀一百本最佳英文小說,海明威的《旭日又東昇》與《戰地春夢》分列第四十五、七十四,排名遠落費茲傑羅(Francis Scott Key Fitzgerald)、福克納(William Faulkner)、史坦貝克(John Steinbeck)、德萊塞(Theodore Dreiser)、亨利·詹姆斯(Henry James)和其他美國作家之後,然論對現代小說的衝擊,二十世紀的英美作家可能無出其右者。張愛玲於六〇年代翻譯美國文學評論家菲列普·楊格(Philip Young)〈論海明威〉一文,即言:「他的作風、他的主角、他的風格與態度,幾乎人盡皆知——不單是在講英語的世界裡,而且在只要有知識分子的地方,凡是知道他作品的地區,就有人模仿、改造或吸收他的筆法。」

海明威的小說,在相當程度上反映了他的生命力和人生觀。他的作品充斥了戰爭、狩獵、鬥牛、捕魚、酗酒、性愛、壓抑、苦悶以及對命運的搏擊;在字裡行間洋溢著暴力、血腥、剛強、不屈、挑戰和跳動的生命。他寫活了二〇年代流落巴黎的「失落的一代」（lost generation），以深刻的筆觸描寫他們在茫茫人海中失去方向和無目的之奔逐。他藉由《老人與海》的主角桑迪亞戈老漁夫的口中道出了他的人生哲學：「人不是為失敗而生的」、「一個男子漢可以被毀滅，但不能被打敗！」蔣經國讀完《老人與海》，獲得「很多新的、有關人的生存與奮鬥的啟示」，而在一九五八年聖誕之夜寫了一篇〈我們是為勝利而生的！〉文章。值得玩味的是，被布希政府用武力推翻的伊拉克獨裁者哈珊（薩達姆），亦是「海明威迷」。

從小即有叛逆精神的海明威，高中畢業後即未再接受正式教育，離開故鄉伊利諾州橡樹公園（Oak Park），跑到《堪薩斯城星報》（*Kansas City Star*）當記者，磨鍊他的觀察力和寫作技巧。海明威是個酷愛刺激、冒險的人，三歲即會釣魚、十歲即能打獵，他一直想投筆從戎，因一隻眼睛在練拳時被打傷，而無從披上征袍，但他設法當上了救護車駕駛兵，奔馳於第一次世界大戰意、奧邊界戰場，英勇受傷，獲頒勛章。喜歡鬥牛賽的海明威對西班牙具有特殊感情，三〇年代西班牙爆發內戰，他大力支持忠於共和政府的一群（Loyalist），以對抗叛徒佛朗哥，並四次前往西班牙助陣，其名著《戰地鐘聲》即以西班牙內戰為背景。

一生與革命、戰爭結下不解之緣的海明威，在二次大戰期間來到了中國，親自採訪日本侵華戰爭的實況。海明威不僅是舉世知名的小說家，更是第一流的戰地記者，他所寫的一次大戰、西班牙內戰和二次大戰東西戰場的報導，篇篇可讀，允稱傳世之作。

一九四一年春天，海明威偕其第三任妻子瑪莎·吉爾洪（Martha Gelhorn）抵達香港，準備前往中國實地採訪戰事，海明威在香港遇到了剛出版英文暢銷傳記《宋氏姊妹》的舊識項美麗（Emily Hahn）。

海明威以PM雜誌特派員身分訪華，其妻則是《柯利爾》（*Collier's*）雜誌特約記者。海明威當時雖已是享譽全球的大作家，但他的中國之行卻是由海明威的父親和叔叔的老朋友孔祥熙所安排。孔祥熙於一九〇一年前往俄亥俄州歐柏林（Oberlin）學院就讀，結識了海明威的叔叔韋羅比·海明威醫生（Dr. Willoughby Hemingway）（海明威的父親克萊倫斯（Clarence E. Hemingway）亦是醫生），韋羅比不但行醫，而且還是公理會牧師。為人隨和圓融的孔祥熙與韋羅比成為好友，並為他取了一個中文名字韓明衛。在孔祥熙的鼓吹下，韓明衛於一九〇三年離鄉背井跑到偏僻落後的孔祥熙故鄉山西行醫傳教，先在通州學中國話，後至太谷公理會醫院任職，一待就是三十年，一九三二年（一說一九三三）卒於山西。孔祥熙在歐柏林學院讀書時，常到海明威家作客，與海明威一家頗熟。

海明威在香港拜訪了孔夫人宋靄齡。精明厲害的宋靄齡意識到海明威的知名度，馬上以「海明威採訪中國抗戰」為名向香港英文媒體發布新聞，以爭取國際社會對中國孤軍抗日的關注與支持。權傾一時的國府行政院副院長兼財政部長兼中央銀行總裁孔祥熙特派其部屬夏晉熊專程赴港，迎接海明威進入內地。

其時中央社曾報導海明威為蒐羅小說題材而訪華，事實並非如此。海明威夫婦訪華的公開目的是為雜誌撰寫戰地報導，但美國政府卻賦予他們一項秘密任務：蒐集戰爭情報並密切觀察國民黨與中共的鬥爭政治。羅斯福總統的私人代表居里（Lauchlin Currie）在香港為他們做簡報，戰後證明居里是個蘇聯間諜。

穿梭前線　密晤周恩來

一九四一年三月，海明威夫婦從香港到了韶關，坐摩托舢板船和騎馬，輾轉抵達前線，旅途備極艱辛。四月初到桂林，再搭乘孔祥熙指派的 CD-3 型專機飛至重慶，受到孔的熱烈歡迎，孔邀海明威夫婦宿其官邸，其時因宋子文正以蔣委員長特使身分駐節華府，重慶房子無人居住，海明威夫婦乃住宋宅。採訪中國戰事期間，海明威夫人對中國的落後、衛生設施和公共環境，大發怨言，認為已到「恐怖地步」；她在飽受蚊蟲、蒼蠅騷擾之餘，向海明威表示：「死掉算了！」頗能逆來順受的海明威譏之以「太遲了，是你自己要來中國的！」海明威不但能忍受中國之髒亂、落後，且對中國之行頗為興奮，愛吃中國菜，在旅館房間裡面鞭炮放個不停。

海明威在重慶、成都、昆明和滇緬公路一帶活動，一面訪問國府軍政要員，到前線採訪，一面密會中共駐重慶首席代表周恩來，他說，周「能幹、有吸引力、聰明」。海明威獲悉十萬中國人以三個月時間用最原始的工具趕築一哩長、一百五十碼寬、地基厚達五呎，可供B-17重轟炸機升降的飛機場時，不禁大為感動，他說：「中國必能完成她想做的任何事情。」一九四一年四月十四日，包括中國記者協會和中美文化交流協會等單位在重慶嘉陵賓館為海明威夫婦舉行惜別晚宴，孔祥熙親臨主持，約三百人與會。

海明威替PM雜誌寫了一系列報導，分析中國抗戰局勢，主張美國積極援華，特別是空軍，不久，陳納德的飛虎隊即赴華助戰，使日機不再掌握空中優勢。海明威訪華時，美國仍未對日宣戰，但他預測日本一旦進攻菲律賓、荷屬東印度群島和馬來亞時，美國必會參戰。

一九四一年五月下旬，海明威夫婦一起到華府向海軍情報署簡報他們在中國所蒐集的情報，並向財政部長摩根索（Henry Morgenthau, Jr.）作口頭報告。熟諳軍事事務的海明威，向摩根索強調支持蔣介石抗戰的戰略重要性，他說蔣介石的兩百萬部隊能夠牽制日軍，延緩他們對東南亞和菲律賓的進攻。他建議美國少造兩艘戰艦，省下的經費用來支援中國，美國可獲一年的緩衝，從而建立西洋艦隊。

觀察戰時中國 鞭辟入裡

向摩根索作口頭報告後一個月，海明威又親筆寫了一份六頁的報告，交給摩氏，專事分析國民黨與中共的關係。他預言國共衝突必然會演變成內戰，除非雙方劃分勢力範圍。海明威稱，中共將會一面抗日，一面擴張控制區，蔣介石亦然，蔣並保留一支龐大部隊以作為日後對付共軍之用。海明威又說，國民黨政府在重慶允許中共享有一點「裝飾性」的自由，但在其他地區的中共分子和任何膽敢批評政府的自由派人士，常被壓制，甚至下獄。

海明威對戰時中國的採訪和觀察，極具慧眼，但終其一生從未以中國為小說題材，誠令人遺憾。海明威的作品常突顯掙扎與死亡，他生前屢以「在壓力下仍保持優雅風度」（grace under pressure）而自傲，然而在嚴重的慢性憂鬱症的壓力下，一代文豪卻於一九六一年七月二日在艾達荷州鄉間舉槍自戕，享年六十一歲（他的父親在五十七歲時亦以同樣手法結束其生命）。在麻州鱈魚角海邊度假的甘迺迪總統獲悉海明威自殺身亡的噩耗時，表示沈痛哀悼，並讚譽海明威是「美國最偉大的作家之一」，也是一個「偉大的世界公民」。

原載於一九九九年七月十九日《中國時報》國際新聞版

多才多藝的史學家羅榮渠

1927-1996

一九一八年（民國七年）夏天，傅斯年在北京大學和羅家倫、毛子水一起成立新潮社，編印《新潮》月刊，宣揚新文學，提倡新思潮。山東才子傅斯年在北大校園內是個頭角崢嶸的「名學生」，當時有個不起眼的湖南鄉下人剛到北大圖書館當助理員，這個人就是毛澤東，常上圖書館的傅斯年認識了毛。一九一九年五月四日，傅斯年、羅家倫、段錫朋等三千多熱血青年在天安門廣場示威，要求「內除國賊，外抗強權」的時候，毛澤東已離北京返湘，錯過了五四運動爆發的歷史時刻。

二十六年後，亦即一九四五年，傅斯年和毛澤東又見面了。毛已非當年甚少人理睬的圖書館助理員，而是與蔣介石對抗的共產黨領袖。當時的國民黨參政會組織了一個「延安訪問團」，一行五人，其中包括傅斯年。毛澤東和傅斯年在窯洞單獨談了一晚，毛當面推崇傅斯年領導五四運動，傅謙虛地說：「我們不過是陳勝、吳廣，你們才是項羽、劉邦。」傅斯年離延安返回重慶之前，請毛澤東題字留念，毛寫了晚唐詩人章碣的〈焚書坑〉條幅贈傅：「竹帛煙銷帝業虛，關河空鎖祖龍居；坑灰未燼山東亂，劉項原來不讀書。」毛自謙沒有傅斯年讀書多。其實，在中國古今帝王將相裡，毛算是一個飽覽群籍、遍讀史冊的領導人。

毛澤東自己是革命家兼讀書人，他的「造反」獲得廣大知識分子的支持，這也是他終能打垮蔣介石的原因之一，但在一九四九年統治大陸以後，毛卻以作踐知識分子為樂事，不僅是老一輩的文史哲教授、學者和作家遭人格、學格以及形體上的汚辱，即連成長於新中國的新一代知識分子亦同樣在一波又一波的政治運動中受到曠古罕見的心身摧殘。

所有學術都被整肅

毛澤東是革命家、知識分子、詩人和民族主義者，但在更大的程度上和範疇裡，他是心狠手辣的獨裁者、倒行逆施的統治者。在毛澤東的肆虐下，幾乎所有的學術與教育機構都遭殘酷的整肅、批鬥和清算，而變得面目全非，其中以當年和毛有點緣分的北京大學受創最深最大，北大歷史系更是被整得飛砂走石、日月無光。

生於一九二七年、四五年就讀昆明西南聯大、四九年畢業於北京大學歷史系並自五六年起任教北大的史學家羅榮渠，治學領域廣闊，世界近現代史、美國史、拉丁美洲史、中美關係史、殖民主義史和現代化理論等領域內，都有專著和論文，頗受學界重視。像北大及其他高校的教師一樣，羅榮渠也經歷多次政治運動，飽受制壓和凌辱。曾到台灣進行學術交流的羅榮渠，一九九六年四月四日因心臟病去世，終年六十九歲。

一九三五年十二月九日北平學生要求國府抗日，在宣言中沉痛地昭告國人：「華北之大，已經安放不下一張平靜的書桌了！」十餘年後，在毛澤東的恐怖高壓下，中國連一個安分守己的大學教授亦無法專心研究學問和作育英才，只能在極其惡劣的環境中從頭到腳徹底改造。

北京大學為紀念羅榮渠逝世十週年，籌劃出版紀念專輯，收錄同事和友人撰寫的回憶文章，我有機會先讀到其中幾篇，心裡興起無限的感慨和哀痛。前北大副校長、歷史系教授郝斌在〈「牛棚」內回憶老羅〉中說：「我和羅榮渠相識在『牛棚』，我稱呼他『老羅』。那個時候，不分長幼，沒大沒小，已經有幾年了，進了『牛棚』，達於極致……老羅長我七歲，高我九級。我當學生的時候，他已經是講師了……我畢業以後，與他同系共事，直到文革發生，前後有八年。大家肚子填不飽，活動少，不大見面，而在此前和此後，歷史系處於動盪中，教師們你出我進，身在田間的時間比學校要多。一個學年到頭，難得一見。到『牛棚』裡，就親近多了。白天一起勞動，晚間一個桌子寫『罪行及交代』……」

郝斌和羅榮渠等北大教師被關在北京郊外明十三陵的定陵北邊，一個叫太平莊的地方，他們「一日三餐，餐前，在毛主席像前列隊，彎腰低頭，背誦『語錄』，然後齊聲一喊：『向偉大領袖毛主席請罪！』接著，一個一個分別喊出自己的名字，但在姓名之前，要加上自己的『帽子』。」郝斌說他的帽子「現行反革命分子」，羅榮渠則是「歷史反革命分子」和「老保翻天急先鋒」。

人格師道一掃而光

在太平莊裡，學生監管老師，打罵是家常便飯。郝斌說：「晚點名，這是最讓我們提心吊膽的一刻，長達四十分鐘甚至一個小時，每次都喊幾個人站出隊列，輕則訓話辱罵，什麼叫人格，什麼叫師道，那全是馬尾提豆腐——提不起來了；重則是拳腳之外另加棍棒」。一位老教授背《毛語錄》背得不利索，越背越亂，又頂嘴，被紅衛兵學生用自來水管做的鐵器猛敲腦袋。戴眼鏡的教授更需小心翼翼以防紅衛兵打他們的耳光時，眼鏡被打掉；哈佛博士史學家周一良的眼鏡被打壞，幸好有一副備用的；深度近視的羅榮渠在恐懼中眼鏡摘上摘下，生怕被打壞。每晚熄燈後上廁所如遇巡邏員，要立正喊：「報告，我是反革命分子某某某，要上廁所。」獲准後才放行。

郝斌感歎地說：「我衷心期盼有更多的青年朋友知道，四十年前，在中國的廣闊大地上，在大學的校園裡，這類讓人掛著淚水講的笑話，曾經很多很多。它應當構成我們民族歷史的一個章節，引為恥辱，永遠不被忽略和忘記。」

毛主席接班人林彪垮台後，又展開另一波政治運動，北大、清華身居「六廠二校」行列，老毛親自抓的重點，北大未名湖自然變成風暴中心。歷史系的世界史專業「反右傾回潮」格外起勁，挖出了一個「小集團」，羅榮渠是這個集團的首要分子，「羅榮渠不投降，就叫他滅亡」的口號響徹校園。歷史系的二十幾個「牛鬼蛇神」站在台上，一字排開，向革命群眾逐一交代罪行，批判羅榮渠的大會從歷史系移到第二體育館。

郝斌說：「一九七三年的『反右傾回潮』，在北大也是一場幾乎等同一九六六年的政治風暴，對此知之者不多。身處其中的我們，一時間又回到了『道路以目』的年代。我同老羅在歷史系見了面，彼此把頭一低，擦肩而過，誰和誰都不招呼，何況說話？……幾年之後我知道，那個時候老羅被迫幾乎走上不歸路，文革初期他挺過一關，已屬不易，元氣還沒恢復，又是一拳重擊，再挺過來，那就不是常人的一般毅力所能承受得了的。」

從五〇年代的反右、六〇年代的文革直到七〇年代的批林批孔，北大歷史系一直處在最險惡的暴風眼中，即使是馬克思主義史學家、北大歷史系主任翦伯贊亦難逃劫數，境遇更慘。章詒和在〈心坎裡別是一般疼痛——憶父親與翦伯贊的交往〉

長文中說：「反右鬥爭使民主黨派全線崩潰，知識分子悉數繳械。」

學界整體從屬黨性

反右運動還協助毛澤東完成了共產黨對學術的絕對領導權，達成了包括史學在內的當代社會科學尊奉共產黨政治思想原則與紀律的目的，滿足了以馬克思主義觀點統一中國大陸知識界的意志。因為對於毛澤東這樣來自農村的領袖來說，光有民間信仰和底層擁戴是遠遠不夠的。」章詒和對看著她長大的翦伯贊說：「我當初考大學的時候，報考的第一志願就是你的北大歷史系。」話剛出口，翦老大聲喝道：「學什麼歷史！考什麼歷史系！現在歷史系的學生連句子都斷不來。教育一場糊塗，史學一場糊塗，社會更是一場糊塗。我看，沒什麼事情是好的。」

章詒和的父親章伯鈞問翦老：「聽說，北京大學也要搞人民公社，把整個大學辦成科學、教學、生產、軍事、勞動的聯合基地。老翦，是這樣嗎？」翦伯贊憤怒地答道：「什麼基地？都是放屁！現在是工人不像工人、農民不像農民、學生不像學生、教授不像教授。」

一九六六年五月二十五日下午，北大哲學系總支書記、女幹將聶元梓貼出大字報，吹響了文革的號角，「從北大點火，往上搞」，北大歷史系第一個被揪出來、被批鬥的就是翦伯贊。歷史系教授向達、邵循正、周一良、鄧廣銘、楊人楩等人統統被劃為「牛鬼蛇神」，打入牛棚。一九六八年尚未被廢黜的國家主席劉少奇，已被內定為「叛徒、內奸、工賊」，具體罪行之一是曾與蔣介石、宋子文、陳立夫勾結，三〇年代在蔣、劉之間周旋的人，就是諶小岑、呂振羽和翦伯贊等人。於是，翦伯贊遭劉少奇專案組調查，要他寫一份材料揭發劉少奇叛黨，翦拒絕，專案組副組長汪中掏出手槍怒喝翦老：「今天你要不老實交代，老子就槍斃了你！」翦說：「我沒什麼可以交代了。」第二天，翦伯贊夫婦雙雙服毒自殺。章詒和說：「翦伯贊的死，是對以暴力作後盾的中國一系列政治運動的無聲抗議，更是對眼下這個以暴力為前導的文革的激烈反抗。」一九七八年中國全國形勢始見根本扭轉，北大歷史系準備招生，已出任歷史系總支書記的郝斌在平反和昭雪翦伯贊的大會上發言，講稿由羅榮渠捉刀。

前北大圖書館館長、歷史系教授林被甸在〈上下求索、大膽創新——羅榮渠教授的學術探索和學術成就〉中說，羅榮渠的書房四壁頂天立地放滿了圖書，只有對窗的那面牆上留有一塊空間掛著他用行草書寫的書軸：「路漫漫其修遠兮，吾將上下而求索」，羅氏的書房就叫「上下求索書屋」。一九八六年，羅榮渠放下他正在寫的美國史專著，全力投入現代化理念和現代化世界進程的研究，他說：「我國搞了一百多年的現代化運動，但卻沒有自己的現代化理論，這是今日中國現實給我出的一個題目。」

羅氏最常勉勵學生的一句話是：「在偉大的變革時代，古老的歷史學也要面向未來，關心民族和人類的命運。」林被甸說，羅一生所撰寫的百餘篇論文和十餘部著作，大部分是在他死前十年所完成的，林氏說，這些成果卻是用他的心血甚至是生命為代價換來的。

李慎之對他高度評價

前社科院美國研究所所長李慎之說：「當代的中國據說正在經歷著一個文化繁榮的時期，可以稱為文人學者的人真是車載斗量；各種出版物何止汗牛充棟，但是真正能有世界眼光、歷史眼光研究當前中國第一大課題——現代化而又能有真知灼見者又有幾人？榮渠未能盡展所長而猝然辭世，使我不能不為中國學術界感到深深的悲痛。」

羅榮渠是個才情洋溢的學者，學問文章道德俱屬一流，又善於做川菜，酒興來時更會舉杯高歌《茶花女》中的飲酒歌。這樣一位光采照人的史學家，在時代環境好轉、學術生涯正趨鼎盛之際，卻永別「上下求索書屋」，獨留書桌向黃昏。連綿不絕的政治動亂，重創了文化與教育，斲喪了學術元氣，多少教授和學生被糟蹋。往事就像一場夢魘，此刻應該是黎明破曉的時分了！

原載於二〇〇五年十月三十日《亞洲週刊》

煙霧繚繞中的真人實事——章詒和著《往事並不如煙》導讀

不信青春喚不回，不容青史盡成灰；
低徊海上成功宴，萬里江山酒一杯。

——于右任：壬子元日

近幾年來，中國大陸屢有轟動海內外的好書問世，如楊絳的《我們仨》、陳桂棣與春桃合著的《中國農民調查》以及章詒和的《往事並不如煙》。尤其是《往事並不如煙》，其中篇章在《老照片》雙月刊連載時，即人人談論；結集出書後，更是洛陽紙貴，傳誦寰宇，知識分子競相走告，紛以讀過《往事並不如煙》為傲，華人讀書界油然形成了爭讀章詒和的現象。

章詒和的父親章伯鈞，乃是四、五〇年代鼎鼎有名的黨外人士、第三勢力領袖。章伯鈞熱中政治，也愛買書、藏書、讀書和結交朋友；章詒和從小在父母親身邊親眼看到父執輩的丰采，親耳聽到他們的韻事，而她本人亦在青少年時期和這些長輩多所往來。家學淵源的章詒和，在動亂的政治環境中成長，並曾以「現行反革命」的罪名入獄十年，但她刻苦用功，為自己打下了深厚的國學根柢，而她又具有觀察入微、牢記於心（作者自謙「記性差得驚人」）的本事，故能為我們留下一部生動、感人的歷史記錄與時代投影。

《往事並不如煙》這本書所寫的人物包括：史良、儲安平、張伯駒夫婦、康同璧母女、聶紺弩和羅隆基，這些人都是中國現代史上有頭有臉、有血有肉的人物。律師出身的史良，一九三六年（民廿五）十一月為推動抗日，與沈鈞儒、沙千里、章乃器、王造時、鄒韜奮、李公樸等上海救國聯合會七名首腦，同被國民黨逮捕，史稱「七君子事件」。史良於一九四二年加入章伯鈞等人發起組織的中國民主政團同盟（兩年後改名為中國民主同盟）；中共建國後，出任司法部長。儲安平曾創辦《觀察》雜誌，四〇年代末嚴厲抨擊國民黨一黨專政，讀者極多，影響至大。風骨嶙峋的儲安平可說是書生論政的偉大典範，有些人把雷震在台灣主持的《自由中國》

半月刊與儲安平的《觀察》，視為現代中國最光彩照人的時評刊物。

夙有「民國四公子」之一美稱的張伯駒，是一位多才多藝的收藏家，琴棋書畫、詩詞戲曲金石，無一不精，他親筆所寫悼念陳毅的輓聯「軍聲在淮海，遺愛在江南」，毛澤東為之動容。張伯駒和潘素夫婦，以及康同璧與羅儀鳳母女，都是很注重生活品味的人，康同璧的父親是晚清名人康有為，章伯鈞說康同璧母女是「中國的最後貴族」，她們在灰色慘澹的制式年代，所懷念不已的，「還是風雅、細膩、高度審美化、私人化的日子。而康家老宅及舊式禮儀及衣冠所蘊含的溫煦氣息和超凡意境，又使每個人自動獲得了精神歸屬和身分確認。」

作家聶紺弩「對腐朽、污穢、庸俗的事物，有著超乎常人的敏感與憤怒」，他和張伯駒是兩個完全不同典型的人，聶紺弩脾氣剛烈、嫉惡如仇，章詒和說：「他的精神和情感始終關注著國家、社會。就是押在大牢，也從未放棄這種關注。」又說：「聶紺弩的火氣不單屬於個性問題。他能恪守良知，清醒地保持著一個知識分子社會文化批判的堅韌和敏銳，使思想擺脫外力的操作，回到了自身的軌道……。」

不少人認為章詒和寫得最好的一篇是〈一片青山了此身——羅隆基素描〉。她把風流才子羅隆基寫活了。與胡適、梁實秋都有交情的羅隆基，是一位絕頂聰明的政治學者兼政治活動家，不到四年時間，即獲哥倫比亞大學政治學博士學位。他和章伯鈞一樣酷愛政治也參與政治，兩人個性雖異，命運卻相同，都在毛澤東泛濫成災的整人哲學下，被套上所謂「章羅聯盟」的枷鎖。四〇年代中期，羅隆基和他的好友聞一多激烈批評國民黨，黨喉舌《中央日報》蓄意影射羅、聞是紅色分子，謔而極虐地宣稱羅、聞應改名為「羅隆斯基」和「聞一多夫」。

章詒和筆下的人物，都各有各的人格特質，也都各有各的才情面貌。儘管如此，他們卻淪於同一命運，都在毛澤東的絕對控制下，苟延殘喘，恐懼徬徨，他們都在同一土地上經歷中國歷史上前所未見的一個荒謬時代與黑暗日子。人性的起碼尊嚴，非唯蕩然無存；個人的丁點自由，更是化為烏有。對章伯鈞、儲安平、羅隆基而言，經此世變，真是情何以堪！他們都是反國民黨的急先鋒，討厭國民黨的人，怎麼會喜歡共產黨呢？一個不把人當人的社會，一個只會踐踏知識分子的毛王朝，章伯鈞、儲安平、羅隆基怎麼能活下去呢？

章詒和有一次與聶紺弩對話，詒和引述其父的話說：「父親講，讀馬（克思）恩（格斯）要看德文版的，蘇聯的俄譯本不行。一九六〇、六一年的時候，提出馬克思主義學說的核心是階級和階級鬥爭，父親聽了怒不可遏，說：『把馬克思主義說成是階級和階級鬥爭學說，叫混蛋邏輯。』話的尖銳以及聲音之大，把我和媽媽都嚇呆了。他很反感把馬克思主義說成是放之四海而皆準的真理。」在風聲鶴唳的文革年代，一天，章伯鈞約了老戰友、「七君子」之一的章乃器，秘密在康同璧住宅見面。話題說到了文革，章乃器說：「從表面看來，這個運動像是突然發生的。但歷史從來沒有什麼東西是突如其來的，其中不為人知的原因，恐怕已醞釀多年。」章伯鈞則一針見血地說：「依我看，發動文革這個念頭，內因是源於他（指毛澤東）的帝王思想。外因是有感於蘇聯的現實，看到斯大林死後出了個赫魯曉夫，他就憂慮得睡不好覺了，還給人家取了名字，叫修正主義。於是，在反修的旗號下，趁著自己還活著，就先要把中國的赫魯曉夫挖出來。至於他和劉少奇的矛盾，絕不像報紙上寫的那樣吧。」

談到文革的後果，章乃器表示：「一場文化大革命，給中國形成了兩個極端。一個是極端個人崇拜；一個是極端專制主義。這兩件東西，自古有之。文革是把它發揮到頂峰了。」風趣的康同璧看到二章侃侃而談，禁不住說道：「今天哪裡是兩個大右派的聚會，我看是三個大右派的沙龍。」

章詒和不僅主動、細緻地記述了史良、儲安平、張伯駒夫婦、康同璧母女、聶紺弩和羅隆基等人在人生困頓中的喜怒哀樂；更可貴的是，她也寫出了那個時代的陰影，以及活在陰影下的許多大小人物，讀後總是令人掩卷太息。

最喜歡借政治運動搞整肅、清算、鬥爭的毛澤東，於一九五七年上半年發動「百家爭鳴、百花齊放」運動，號召知識分子對黨和國家政策發表意見，沒想到大批高級知識分子真的「大鳴大放」，紛紛把心裡對黨和國家的不滿，盡情宣洩出來。社會學家費孝通寫了一篇膾炙人口的〈知識分子的早春天氣〉；儲安平批評中共「黨天下」；羅隆基尖銳地說：「現在是無產階級的小知識分子領導資產階級的大知識分子。」毛澤東看到知識分子的熱烈直言，他火大了，特別是羅隆基那句話和儲安平的「黨天下」論，老毛憤怒極了，大鳴大放變成引蛇出洞，他決定把鳴放運動轉向為整風運動，開始反右，大整知識界和政界的異己，至少五十萬人被戴上右派帽子，遭到人格上、生活上和政治上的極端歧視和嚴重打擊。一言以蔽之，反右運動打開了毛澤東以「哲學家皇帝」統治全中國的「潘朵拉的盒子」（Pandora's Box）。從此，直到老毛病死，中國大陸實際上就是一座「毛記煉獄」。

曾參與國共和談的前民社黨領導人之一蔣勻田，在其所著《中國近代史轉捩點》中，詳述當年各黨各派集思廣益的盛況。這種場面，而今安在哉！國民黨拒第三勢力於千里之外，共產黨亦視第三勢力如糞土。反右以後，大陸知識分子被整，讀書人對政治噤若寒蟬；同樣地，國民黨亦在蔣介石的主導下，封殺了《自由中國》半月刊，雜誌發行人雷震坐牢十載。常在《自由中國》發表政論的台大哲學系教授殷海光，更是慘遭國民黨特務的不斷壓制。國民黨的雷震當年在舊政協常和章伯鈞、羅隆基等人一起開會，然晚年卻同遭政治厄運，真是國共「隔海同唱」的一大諷刺！

章詒和說她偕母親於一九八五年前往北京八寶山公墓追悼史良，民盟中央的幹部已不知民盟創始人章伯鈞、李健生夫婦為何許人。其實，海內外中青年一代知道羅隆基、儲安平、聶紺弩、張伯駒、康同璧和史良的人，也已不多了。好讀書的人，關心兩岸政治走向的人，正好利用展讀《往事並不如煙》的機會，重溫那一段擾攘不安的歲月，重新認識章詒和筆下的人物，透過這些人物的身影，我們會更了解過去，也會更惕厲將來。

原載於二〇〇四年十月三十日《中國時報》人間副刊版

II

軍人、革命家與活動家的吉光片羽

「阿拉伯的勞倫斯」重現伊拉克

T. E. Lawrence, 1888-1935

伊拉克反抗分子採取都市游擊戰方式對抗美國占領軍和美國卵翼下的伊拉克政府，頗為奏效。一些美國戰史家和軍事學者花了不少時間研究伊拉克反抗分子的破壞手法，他們終於得到了一個結論，原來這批本土的和來自三山五嶽的反抗分子，乃是師承九十多年前中東沙漠上的英國傳奇人物「阿拉伯的勞倫斯」。

「阿拉伯的勞倫斯」原名是T．E．勞倫斯。一八八八年出生，一九三五年摩托車車禍喪生，死時才四十六歲。勞倫斯就讀牛津大學時即對考古發生興趣，一九〇九年曾到敘利亞和巴勒斯坦進行田野工作，一九一一年至一九一四年又到幼發拉底河實地挖掘。一九一四年至一九一九年服役英軍，他的傳奇生涯就是發生在這段時間。

勞倫斯對阿拉伯歷史、文化、語言和宗教都有濃厚的興趣，又能說流利的阿拉伯語。第一次世界大戰爆發後，勞倫斯出任英國情報官，當時阿拉伯人正在反抗鄂圖曼帝國土耳其人的統治，而土耳其那時又是英國的敵人德國的盟友，加上勞倫斯和一些阿拉伯部落領袖很熟，他就把阿拉伯人組織起來，建立一支機動打擊部隊，傳授他們游擊戰的理論，教導他們如何使用炸藥和埋置地雷以對抗土耳其。

勞倫斯自己脫下英國軍官制服，穿上阿拉伯長袍，他的長官默許他在沙漠中指揮阿拉伯游擊隊。這批游擊隊最厲害的武器就是地雷，他們在鐵軌、橋樑埋置地雷，擾亂土耳其軍隊的運輸系統。勞倫斯說：「我的徒弟練習埋設地雷，他們學會之後再傳授別人……，地雷是最難發現的一種武器。」勞倫斯對阿拉伯游擊隊說，你們如面對一個比你們更強、更大的對手，絕不可和他們正面對峙。

而今天的伊拉克反抗分子面對火力強大、裝備精良的美軍，他們就避開正面衝突，在不同社區到處流竄。他們也用地雷，但最普遍亦最令美軍膽寒的是一種「臨時湊成的爆炸裝置」（ＩＥＤ），亦即一般的炸藥。

伊拉克反抗分子使用廉價、粗糙的ＩＥＤ對付高科技美軍，效果奇佳。美軍死於

ＩＥＤ的人數占各種死因的首位，二〇〇五年二月以來，戰死美軍有一半被ＩＥＤ所炸。據統計，二〇〇三年入侵伊拉克之後，已有七二四名美軍死於ＩＥＤ。二〇〇五年美軍花了十二億美元以對抗ＩＥＤ，隔年預計還要花三十五億美元。

英國大導演大衛連（David Lean）一九六二年推出由英國影星彼得奧圖（Peter O'Toole）主演的不朽巨片《阿拉伯的勞倫斯》，使勞倫斯的事蹟長留全球影迷心中。大衛連以導演巨片著稱，如《桂河大橋》和《齊瓦哥醫生》，影評家都說彼得奧圖把Ｔ．Ｅ．勞倫斯演活了。勞倫斯是作家、考古學者和軍事戰略家，同時也是沒有出櫃的同志。他的回憶錄《智慧七柱》（*Seven Pillars of Wisdom*）目前正在美軍高級將領中熱讀。

九十多年前的阿拉伯人在勞倫斯的帶領下學會如何對付土耳其占領軍，今天的阿拉伯人亦從勞倫斯的遺教裡獲得打擊美國占領軍的靈感。無能又傲慢的美軍將領認為美軍如能解決ＩＥＤ問題，伊拉克反抗分子就會完蛋。美軍參謀首長聯席會議作戰組主任康威（James Conway）中將曾對一群記者發狂言：「只要我們打敗了ＩＥＤ，伊戰就結束了。」

阿拉伯的勞倫斯在九天之上聽到康威中將的豪語，一定會帶著輕蔑的微笑表示不以為然。因為勞倫斯早在九十多年前即已說過：鎮壓反抗是一場既漫長又棘手的戰爭，就好像用刀子喝湯，怎麼能喝到湯，更不必說把湯喝完。

原載於二〇〇六年四月十八日《中國時報》國際專題版

「秘密總統」威爾遜總統夫人伊迪絲

Edith Wilson, 1872-1961

一九六一年一月二十日下午，華府寒氣襲人，氣候幾近「冰點」，但全城洋溢著「熱氣」。四十三歲的新總統甘迺迪在國會山莊完成戶外宣誓大典後，與年輕貌美的第一夫人賈桂琳坐著敞篷車遊行，向冒著酷寒的數十萬民眾致意。最善體人意的甘迺迪，邀請一位雍容華貴的「老太婆」坐在遊行車隊的一輛豪華車裡，象徵政治的傳承和世代交替。

很少人知道這位「老太婆」的身分和背景，只有極少數的老記者和老政客知道她，他們對「老太婆」的出現，既感意外，更覺肅然起敬。這位「老太婆」就是鼎鼎大名的威爾遜總統遺孀伊迪絲·威爾遜夫人。其時，她已八十九歲。華府遊行後十一個月，也就是一九六一年十二月二十八日，威爾遜夫人過世了，那一天正好是威爾遜總統一〇五歲冥誕。

誰才是理想的第一夫人？

一九九二年，正當布希總統和民主黨總統候選人柯林頓激烈「捉對廝殺」的時候，美國選民的目光亦集中在「第一夫人」身上。布希夫人芭芭拉像個「鄰居的老太太」，平易隨和，沒有架子，聲望極高，柯林頓的太太希拉蕊，聰明進取，頗具「侵略性」，較不討人喜歡。然而，究竟「芭芭拉式」的第一夫人或是「希拉蕊式」的第一夫人對國家有利，較能襄助丈夫，更像個「第一夫人」，一直是「公說公有理，婆說婆有理」的歷史「懸案」，沒有定論。

部分選民擔心柯林頓夫人希拉蕊進入白宮的主因是，怕她「擅權亂朝」和「干預政事」。美國人民號稱開明而又開放，但美國社會卻處處充斥歧視女性的作風和制度，他們對能幹的職業婦女，更是「愛憎交加」，而希拉蕊又是典型的「女強人」，學歷輝煌，衛思禮學院（宋美齡、女作家冰心的母校）的高材生，畢業典禮上代表畢業生致答辭，隨後又進入耶魯大學法學院（結識柯林頓），又曾被美國律師協會選為全美最傑出的一百名律師之一。

希拉蕊的「女強人」形象，勾起選民對雷根夫人南茜的回憶，他們不願再看到南茜凡事對雷根「耳提面命」的歷史重演。其實，健忘的美國選民大概不知道歷史上「干預」最厲害的第一夫人並不是南茜，而是威爾遜總統的第二任妻子伊迪絲。

第一夫人的五種類型

兩百多年來，美國第一夫人大致可劃分為五個類型：㈠能力與智慧俱屬上乘者：如小羅斯福夫人伊蓮娜；㈡愛攬權管事者：以威爾遜夫人伊迪絲、雷根夫人南茜和卡特夫人羅莎琳為代表；㈢擅長社交活動者：甘迺迪夫人賈桂琳和詹森之妻「小鳥夫人」；㈣平凡而盡職者：絕大部分第一夫人皆屬此類，如杜魯門夫人貝絲、尼克森太太柏翠霞和福特之妻貝蒂等等；㈤庸碌而又幫倒忙者：首推林肯夫人瑪麗。

曾經擔任普林斯頓大學校長、新澤西州長的第二十八任美國總統威爾遜，是一個「學而優則仕」的典型例子。胡適在美國留學時，正值威爾遜主政時期，對威爾遜頗為崇拜，常以自己的長相酷似威爾遜，笑容帶有「威爾遜式」而沾沾自喜。

一九一三年三月四日，威爾遜入主白宮，翌年八月六日，元配艾琳病逝，年僅五十四。威爾遜中年喪偶，悲痛萬分，肝腸欲摧。他對好友豪斯上校說，他寧願有人刺死他，而不要再過痛苦的日了。威爾遜和元配結褵二十九年，生了三個女兒，為了避免白宮無人「主中饋」，威爾遜的外甥女海倫・邦斯搬入白宮，權充臨時女主人。艾琳死後八個月，海倫介紹一位四十三歲的漂亮寡婦給她的舅舅，這位寡婦就是伊迪絲。威爾遜在白宮一看到貌美而又充滿活力的伊迪絲，精神立刻振奮起來，不到一個月即向她求婚。

美國報界知道威爾遜將再娶的消息後，馬上發動猛烈攻擊，譴責他在元配去世時口口聲聲「不想再活」，八、九個月後卻要再娶，未免太說不過去了；有些人罵他對不起亡妻，有些人斥他是「偽君子」。《華盛頓郵報》在報導威爾遜與伊迪絲之間的羅曼史時，不知是編輯有意發威還是手民誤植，曾鬧了一個極為尷尬的大笑話。直到三、四十年後，杜魯門總統向他的女兒瑪格麗特提起這段「大笑話」時，仍不好意思「細說」笑話的內容。原來，《郵報》在新聞中報導：「威爾遜總統昨天晚上大部分時間是在招待高特夫人（即伊迪絲）」，《郵報》卻把「招待」（Entertaining）印成「插入」（entering），一則社交新聞卻變成了「性交」新聞！《郵報》發覺印錯後，立刻銷毀全部報紙，並派無數報童上街追回已上市的報紙，少部分流傳出去的立即成為收藏家蒐購的對象。

威爾遜和伊迪絲不顧輿論界的聲討和撻伐，於一九一五年七月訂婚，同年十二月十八日結婚。

威爾遜枯木逢春再振雄風

威爾遜再婚後，猶如「枯木逢春始再發」，白宮又恢復了生氣。

威爾遜總統主政的八年（一九一三—二一），是美國歷史上的一個重要環節。在老羅斯福和塔虎脫總統引導美國邁入二十世紀之後，「美國式的帝國主義」漸告羽毛豐滿。一九一四年歐戰爆發，威爾遜政府在和與戰之間搞得焦頭爛額。一九一七年四月二日，威爾遜前往國會山莊要求對德宣戰；一九一八年戰事終止，威爾遜提出「十四點和平計畫」，其中包括成立「國際聯盟」。

在國內孤立主義浪潮高漲的氣氛下，參議院強烈抵制「十四點」，身體羸弱的威爾遜決定訴諸民意，以迫使國會通過其重建世界和平新秩序的偉大方案。

於是，在一九一九年九月四日，威爾遜不顧醫生勸阻，搭乘火車從事長途旅行，在中西部和落磯山區一帶進行訪問演說，以喚醒民眾。九月二十五日，在科羅拉多州小鎮的一場演講後，威爾遜因過度疲勞和緊張而暈厥，旅行乃告中止，遄返華府。但在十月三日因癱瘓性中風而開始長期纏綿病榻。

威爾遜從此成為美國歷史上臥病時間最長的總統，而伊迪絲干政攬權的局面也就宏開了。

伊迪絲當了半年的「總統大人」

一九一九年十月三日病倒直至一九二〇年四月中旬，威爾遜從未離開過白宮臥室，美國人民也不了解總統的病情。在這半年多的時間裡，伊迪絲才是真正的國家之首；她封鎖所有威爾遜病況的新聞；禁止任何大官顯要走訪白宮；代威爾遜簽署法案和決定內政與外交政策；總統在清醒時刻所要會晤的人和所欲了解的大事，皆由伊迪絲選擇與過濾。

內閣官員和新聞界都知道伊迪絲在「牝雞司晨」，他們敢怒而不敢言，但封給她數項頭銜：「總統女士」、「秘密總統」、「第一個治理國家的女人」。

在威爾遜病發後三個月，國會參、眾兩院領袖頗關切總統病情，又納悶究竟誰在操持國柄，乃組成代表團前往白宮探訪威爾遜。然而，這群國會領袖萬萬沒想到，伊迪絲早就天天為威爾遜「預演」，如何應付「愛管閒事」的議員。

一個天朗氣清的上午，威爾遜在臥室接見議員代表團。總統雖病容十足、神情憔悴，但在賢內助伊迪絲的導演下，與議員談論了國內外大事，並詢問了數項提案在國會的反應，還說了幾則笑話。在短短的十五分鐘裡，「賓主盡歡」，議員對總統的病況頗為滿意。這些自以為聰明的代議士不知道威爾遜的體力、精神、注意力和警覺性，在服過藥物後，只能支撐一刻鐘的時間，而伊迪絲安排的見面時間也剛好是十五分鐘！

國會議員的「運氣」還算好，最倒楣的是赫赫有名的國務卿藍辛（Robert Lansing）。能力頗強而又負責任的藍辛不清楚總統的病情，覺得應開一次內閣會議，於是向威爾遜提出建議。結果威爾遜大發脾氣，認為是藍辛企圖扳他的台，竟要求藍辛辭職，其時是威爾遜臥病的第四個月，亦即國會議員會晤總統後一個月。與對華外交頗有關係的藍辛只好黯然下台，三十多年後，艾森豪總統心臟病發作，當時的國務卿杜勒斯曾向代理總統尼克森述說這一段往事——藍辛就是杜勒斯的舅舅。

但有些歷史家懷疑逼退藍辛的人，並不是神情恍惚的威爾遜，而是精力充沛的伊迪絲。

雷根不用大腦，南茜垂簾聽政

伊迪絲如此過度保護總統和大權獨攬的作法，在二十一世紀的今天看來，簡直是不可思議的一件事。如今，白宮的一動一靜和第一家庭的一言一行，皆已難逃無孔不入的新聞記者的法眼。但反過來說，如果總統在生理上、心理上和政治智慧上皆臻上乘的話，則第一夫人即使欲干政攬權，亦屬不可能之事。伊迪絲能夠擺佈威爾遜，「代行代拆」所有國家重要決策，完全是因威爾遜身罹重病所致。再以雷根時代而論，南茜在白宮人事上的「垂簾聽政」，則是雷根有意縱容和「少用大腦」的緣故。許多政論家和白宮觀察家皆表示，雷根的懶散及不善思考，殆為白宮歷史上所僅見。

威爾遜於一九二一年三月三日卸任，三年後去世，終年六十七歲，伊迪絲和威爾遜共同生活了九年。伊迪絲是個精明的人，威爾遜死後，即經營珠寶生意，發了一筆財。一九三九年出版回憶錄，風行一時。

伊迪絲權力慾強，生命力亦強，喜歡熱鬧，愛參加政治與社交活動。小羅斯福於一九三三年第一次就任總統時，伊迪絲也是典禮的座上賓。杜魯門說，晚年的伊迪絲仍顯得「容貌出眾」。

第一夫人憑藉「人和」與「地利」之便襄贊密笏，雖不至於形成「女禍」，然就常軌和憲政體制而言，究非好事，而且亦無助於總統的政治利益和個人聲望。

伊迪絲為美國第一夫人的干政攬權，開創了令人皺眉頭的先例，而使南茜有樣學樣，亦使選民望希拉蕊而「惴惴焉」！沒想到，希拉蕊做完第一夫人後，卻想當起美國史上的第一個女總統了。

如果駱賓王仍活到現在，他也許會改寫他的名句：「請看未來的白宮，竟是誰家之天下！」（註：見討武曌檄：請看今日之域中，竟是誰家天下）

原載於二〇〇三年十月十三日《中時晚報》

羅斯福總統夫人是同志嗎？

Eleanor Roosevelt, 1884-1962

美國第三十二任總統法蘭克林．羅斯福（FDR, Franklin D. Roosevelt）的妻子伊蓮娜（Eleanor），在世時協助丈夫推動「新政」（New Deal），照顧貧窮和勞工，提高婦女權益並負責起草聯合國〈世界人權宣言〉，光照寰宇，並譽為第一夫人的表率。然而，伊蓮娜．羅斯福是不是女同性戀（lesbian）？她和粗線條作風的美聯社女記者蘿莉娜．希柯克（Lorena Hickok）是不是一對情侶？她們之間長達三十年的友情與戀情，數十年來一直是議論不休的歷史話題。

羅斯福外遇曝光婚姻破裂

一九九九年八月，紐約約翰．杰（John Jay）學院兼紐約市立大學研究院中心史學教授布蘭琦．庫克（Blanche Cook）推出了第二卷《伊蓮娜．羅斯福傳，一九三三—一九三八》，書中對羅斯福夫人與希柯克的「超友誼關係」，著墨甚多。而作者庫克本人又是女性主義者，且為同性戀，因此有關羅斯福夫人是否同性戀，如何界定她和希柯克的戀情，以及庫克教授是否客觀處理羅、希同性戀關係，在史學界、書評界和女性主義圈子裡引發了大辯論。

羅斯福夫人伊蓮娜於一九一八年發現丈夫（時任助理海軍部長，尚未染患小兒麻痺症）和她的社交秘書露西．莫瑟（Lucy Mercer）有染，傷痛至極。為了羅斯福的政治前途，夫妻決定不離婚，但伊蓮娜從此僅與丈夫維持有名無實的婚姻關係，一輩子未再和丈夫同床共枕。心理空虛的伊蓮娜開始尋覓同性朋友，她的至友是住在紐約格林威治村的兩對女同性戀。二〇年代的格林威治村是東北部同性戀的大本營，迄今未變；每逢盛夏，他們就到麻州小島鱈魚角（Cape Cod）的普羅旺斯鎮（Province town）避暑，而使這個美麗的濱海小鎮街頭，在夏天盡見象徵「同志愛」的彩虹旗飄揚。

蘿莉娜．希柯克出身寒門，少女時代曾遭生父強暴，並被趕出家門。但她是個不向惡劣環境低頭的女強人，她刻苦奮鬥、力爭上游，先在《明尼阿波利斯論壇報》當記者，後跳槽至美聯社，因表現優異而成為美聯社有史以來第一個跑全國政治要聞的女記者。蘿莉娜和伊蓮娜在二〇年代時即已認識，但無交情；一九三二年羅斯福代表民主黨角逐總統，蘿莉娜採訪大選新聞，與伊蓮娜久別重逢，兩人的感情快速發展，從記者與總統候選人妻子的關係演變成好朋友，再遽變為女同性戀的「男女伴侶」（butch femme couple）。蘿莉娜與伊蓮娜相戀之前，曾和一名女子同居數年，該女子因受不了蘿莉娜陰晴不定的脾氣而出走。

久別重逢　伊蘿墜入情網

伊蓮娜和蘿莉娜兩個人從裡到外，只有一點相同：都長得不好看。兩個人的個性、脾氣、嗜好和身材都截然不同。五呎十一吋（約一八〇公分）的伊蓮娜，瘦長，有五個子女，本性溫和、內向、害羞，政治和丈夫的不忠改變了她的人生觀；蘿莉娜身高五呎八吋，體重約二百磅，是個粗大、肥胖的女人，縱情菸酒，每天抽雪茄或數包無濾嘴的駱駝牌香菸，愛喝威士忌，每餐無肉不飽，完全不講究穿著，任性而固執，有憂鬱症傾向。從傳統與世俗的眼光來看，這兩個不同背景的女人似乎不可能墜入情網，更不可能成為同性愛侶，但她們確實是一對「同志」。她們在一九三三年開始熱戀時，伊蓮娜四十九歲，蘿莉娜四十歲。

蘿莉娜於一九六八年以七十五歲高齡去世時（伊蓮娜死於一九六二年，終年七十八歲），遺囑載明她和伊蓮娜的通信在十年後始能公布。一九七八年，紐約州海德公園羅斯福圖書館終於打開了十八箱伊蓮娜與蘿莉娜的通信，總共有三千五百封（自一九三三年三月至一九六二年九月），多達一萬六千頁，包括《紐約時報》在內的主流媒體當時都報導，羅斯福夫人和蘿莉娜．希柯克的同性戀情已躍然紙上，不容否認。任教華府美利堅大學的史崔邁特（Rough Streitmatter）自三千五百封信中抽出二女熱戀最高峰時期（一九三三、一九三四）的三百封信，加以註釋，編著《沒有你心裡就空虛》（*Empty Without You*）一書於一九九八年出版，頗為轟動。一九九九年夏天因駕機失事去世的小約翰．甘迺迪，即曾在他所主編的《喬治》雜誌上選載

《沒有你心裡就空虛》的部分「情書」。

數百封露骨情書　化為灰燼

但是，伊蘿之間最熱情、最露骨、最大膽的數百封情書，卻在蘿莉娜生命黃昏的時候被她親手燒燬了。晚年飽受糖尿病折磨而三餐又無以為繼的蘿莉娜，於一九六六年對羅斯福夫人的女兒安娜說：「你母親寫給我的信不夠含蓄。」因此她把這批最熱情的情書一封一封地扔進壁爐，以維護羅斯福夫人的形象。史崔邁特所選出的情書代表作，不僅展現了伊、蘿二女在精神上和感情上的水乳交融，更點出了肉體上的纏綿。羅斯福夫人在每封信中稱蘿莉娜是她的「最愛」、每晚要親她的照片才能入睡，還說「你已變成我的生命中的一部分，沒有你心裡就空虛」、「我不但要精神之愛，也要身體之愛」、「我渴望緊緊抱著你」；蘿莉娜在信中亦貪婪地寫道：「你的嘴角印上我的嘴角……我抱著你，熱烈地吻你……。」

熱戀中的蘿莉娜為了向伊蓮娜表示忠貞，常犧牲許多有關羅斯福夫婦的獨家新聞，而不願使這些事情見報，後來乾脆辭去美聯社的工作，加入聯邦政府，並且搬進白宮，其住處和愛人伊蓮娜的臥室僅相隔數步之遙。羅斯福總統必然知道他的妻子和蘿莉娜的不尋常關係，但他有越軌前科，又是「現行犯」（其秘書蜜西．雪杭〔Missy Le Hand〕即是羅斯福的情婦），而且夫婦關係早已名存實亡。

蘿莉娜對伊蓮娜的影響力是無法估量的，除了使伊蓮娜獲得同性的友情與愛情之外，這位極有政治頭腦和歷史眼光的女記者，實際上是將伊蓮娜徹底改造為第一流的第一夫人的幕後大功臣。她力勸伊蓮娜應深入民間，與群眾掛鈎，關切人民生計；她要求伊蓮娜自己走出一條路，制定自己的政治與社會議程，不要在總統的陰影下討生活；她說服伊蓮娜每周召開只限女記者參加的記者會，而使得羅斯福夫人成為歷史上唯一有例行性記者會的第一夫人；她建議伊蓮娜為報紙撰寫專欄，並為她出題目、改文章，而使得羅斯福夫人成為歷史上第一個第一夫人專欄作家，並且樂此不疲，一直寫到臨終之前始停筆。諷刺的是，當伊蓮娜正在蛻變成一個璀璨奪目、廣受人民愛戴的第一夫人之際，她和蘿莉娜的戀情卻慢慢淡了；伊蓮娜已變成美國人民的第一夫人，而不再屬於蘿莉娜獨占的情人。她們的情誼雖仍一直維持到晚年，只不過「火種」已在很久以前熄滅了。

擁羅學者 皆為伊蓮娜辯白

美國史學大師亞瑟·施勒辛格和撰寫羅斯福夫婦合傳而獲得普立茲獎的女史家古德文（Doris K. Goodwin）都認為，羅斯福夫人並不是同性戀，她寫給蘿莉娜的熱情信函乃是二〇年代女性好友之間互訴衷情的表達方式，不應遽爾斷定羅斯福夫人為同性戀。施勒辛格和古德文皆是自由派「擁羅」學者，他們也許要護衛伊蓮娜的神聖光環；其實，果決堅強的羅斯福夫人地下有知，一定不介意二十世紀九〇年代的人說她是同性戀，因為她是超越時代的女性主義者，也是敢做敢當的婦女先知。

羅斯福夫人不是躲在櫥櫃裡面的同志，而是站在陽光下的女中豪傑。歷史會證明，同性戀不會損害她的偉大成就和永恆形象。

原載於一九九九年九月四日《中國時報》國際新聞版

古巴革命英雄——切．格瓦拉

Ernesto 'Che' Guevara, 1928-1967

二十世紀六〇年代是個動盪、狂飆的年代。世界各地普遍燃起反政府、反威權、反體制和爭獨立的憤怒之火。在大時代的洪流中，東西方的兩位革命家成為全球左翼分子、造反游擊隊和不滿現實的年輕人的偶像，一個是中國的毛澤東，另一個就是古巴的切．格瓦拉。

格瓦拉「失蹤」卅年後，他的遺骸於一九九九年七日自玻利維亞運返古巴安葬，古巴總統卡斯楚親自到機場迎接老戰友的遺骸，古巴政府於同年十月十七日在聖他克拉拉為格瓦拉舉行盛大追悼會，並建立一座陵墓以紀念這位古巴革命英雄。

備受西方左翼膜拜　聲望超越毛澤東

「毛澤東思想」固然鼓舞了亞非拉三洲和西方的左翼運動，並孕育了毛派游擊隊，但格瓦拉在拉丁美洲和非洲所散播的武裝革命理論、親身領導游擊隊轉戰高山和沼澤的英勇事蹟、鄙視中產階級舒適生活的革命熱情、正直廉潔的操守、英俊洒脫的長相與性格，以及浪漫的傳奇和神秘的死亡，使他在第三世界和西方左翼知識群眾中的聲望與形象，遠遠超過毛澤東。已故法國存在主義哲學家沙特稱頌格瓦拉為「我們這個時代最完美的人類」。

格瓦拉於一九二八年出生在阿根廷的一個中產階級家庭，自小即患有哮喘症，但他毅力驚人，擅長運動又會念書，一九五三年讀完醫學院牙醫系。不過他志不在行醫，而在搞革命，從青少年時代開始，格瓦拉即接觸左派書刊，喜好思考，每逢假日即旅行中南美洲各國，貧窮落後的景象、民不聊生的社會和貧富懸殊的對比，使他得到一個結論：唯有進行暴力革命，才能解救人民。他認為拉丁美洲並不是個別國家的組合，而是一個文化經濟的共同體，這思想跟他在與卡斯楚完成古巴革命後又到其他國家推動革命大有關係。

協助卡斯楚打天下　游擊戰爭智多星

一九五三年，格瓦拉到瓜地馬拉觀察具有進步思想的阿賓茲總統（Jacobo Arbenz Guzmán）推行社會主義改革，但美國中央情報局於一九五四年在瓜國製造政變，推翻了阿賓茲政府。格瓦拉從中情局發動的政變中，領悟到「美國帝國主義」絕不容許任何拉丁美洲國家成立左傾政權，同時亦更加堅定了他投身於武裝革命以實現社會主義的決心。他離開瓜地馬拉到了墨西哥，結識了卡斯楚，這一場相會，不僅改變了格瓦拉和卡斯楚的命運，亦重塑了古巴的歷史。卡斯楚和格瓦拉開始訓練游擊隊，一九五六年十一月格瓦拉和一群游擊隊潛返古巴，向巴蒂斯塔（Fulgencio Batista y Zaldívar）所領導的右翼獨裁政府發動攻擊，事敗後逃入山區，重整旗鼓。巴蒂斯塔的腐化和高壓統治，大失民心；卡斯楚的左翼游擊隊漸受知識分子、工人和農民的支持，格瓦拉在游擊戰中所展示的勇敢與技巧，深獲卡斯楚的信賴，而成為他最賞識、最能幹的幕僚之一。

一九五九年一月二日卡斯楚的革命部隊奪取了政權，成立了馬克思政府，格瓦拉歸化為古巴公民，出任工業部長兼古巴國家銀行行長，並經常代表古巴出訪亞洲、非洲和共黨國家，大力宣揚反帝和反新殖民主義，將矛頭指向美國的外交政策。格瓦拉是個「永遠的革命家」，他不習慣官僚生活，他要「輸出革命」，以落實他打倒帝國主義和新殖民主義的理想。從一九六五年四月開始，格瓦拉突然自政治景觀上消失，據稱他和卡斯楚不和，他所執行的工業計劃未獲成效，克里姆林宮不滿意他的親北京立場；他在這段期間去過北越、拉丁美洲幾個國家，並到剛果協助盧默貝（Patrice Lumumba）打內戰。一九六六年秋天，格瓦拉秘密到玻利維亞搞革命，並將這段生活寫成詳盡的日記。

被美處決得年卅九　埋骨他鄉無人知

一九六七年十月八日，格瓦拉和他率領的游擊隊遭中情局所訓練的玻國政府特種部隊包圍，格瓦拉被俘，在一所小學教室遭處決，兩手被砍斷後送回阿根廷以核對指紋，並使用巴黎運來的石膏做了一副遺容面具。但他的遺體則埋在一個被棄置的機場跑道盡頭。死時才三十九歲。

格瓦拉的慘死，引起全球同情左翼運動人士的極度憤怒，玻利維亞政府對遺體下落的保密，更平添了格瓦拉一生的神秘性和傳奇性，悼念他的文章、詩歌競相出籠，而使得「格瓦拉狂熱症」歷久不衰。一九九五年十一月，一名玻國軍官首次透露了格瓦拉的埋骨之地，近三十年的懸案終告水落石出。

格瓦拉結婚兩次，有五個子女。他是個文武全才，出版過《古巴革命戰爭的回憶》（*Reminiscences of the Cuban Revolutiorary War*）、《古巴的人民和社會主義》（*Socialism and Man in Cuba*）、《游擊戰爭》和日記。

原載於一九九七年七月十六日《中國時報》國際新聞版

飽受橫逆的原子彈之父歐本海默

J. Robert Oppenheimer, 1904-1967

一九六一年，甘迺迪就任總統後不久，親自向他的幕僚和助理表示，他有三個「心願」希望能夠在任期內圓滿完成。第一個是平反美國物理學家、「原子彈之父」歐本海默；第二個是平反國務院的「中國通」約翰．戴維斯（John Paton Davies）；第三個是平反英國滑稽影星卓別林（Charlie Chaplin），並邀請他再度來美演出。

•

這三個不同領域的頂尖人才，都是五〇年代麥卡錫主義的受害者，都是冷戰年代美國恐共病和政治迫害狂潮下的犧牲品。甘迺迪希望在美國民智漸開、麥卡錫（Joseph McCarthy）參議員的猙獰面目已完全被揭發的六〇年代，癒合歷史的傷口，重新肯定這三位第一流人物對國家的貢獻。因為只有這樣，才能夠鼓舞美國人的心靈，使他們邁向「新境界」。

遺憾的是，甘迺迪在一九六三年十一月遇刺猝逝，他的三個「心願」，只實現了「半個」，那就是非正式地恢復了歐本海默的名譽，但未徹底予以平反。象徵性的平反儀式，於一九六三年十二月二日在白宮舉行時，甘迺迪「已乘黃鶴去」，而改由詹森總統代表美國政府主持。可以告慰的是，甘迺迪的另外兩個「心願」，都在他身後付諸實現了。在詹森政府後期，載維斯獲得正式平反；諧星卓別林則在一九七二年重返美國，接受影藝學院的獎章，算是美國對他的「認錯」。

在冷戰年代已告終結的時候，許多人想到被「冷戰」所埋葬的人物，歐本海默就是其中的一個學術英靈。影星保羅紐曼曾主演一部描述歐本海默在第二次世界大戰期間領導製造原子彈的影片：《肥老和小鬼》（*Fat Man and Little Boy*），所謂「肥佬」就是指投擲於長崎的原子彈（因體型較大），「小鬼」即指轟炸廣島的原子彈。不幸的是，保羅紐曼的電影在影評人的眼中，被列為「不入流」，而且賣座奇慘，在首輪戲院上演幾天即下片。

歐本海默的一生是美國近代科學史與政治史的縮影。在他的身上，可以看到科學家「天人合一」的曠世成就和深邃學養，也可以看到政治舞台上最醜陋的面目以及被扭曲的人性。

•

歐本海默於一九〇四年四月二十二日出生在紐約市一個富有的猶太家庭，自幼即是一個神童。一九二二年進入哈佛大學主修化學，但他什麼都學、科科皆精，物理、數學、拉丁文、希臘文……等。他在哈佛宿舍中最有名的一句話是：「今天天氣太熱了，啥事都不能做，我只能躺在床上看《瓦斯動力理論》。」一九二五年，他以全校第一名畢業，四年的功課在三年裡修畢。

離開哈佛之後，歐本海默到了英國劍橋大學，在著名的物理學家羅瑟福（Rutherford）的指導下，研究原子。從劍橋再到德國哥廷根大學，一九二七年獲得博士學位。自一九二七年至一九二九年，他在哈佛、加州理工學院、荷蘭萊頓大學和瑞士蘇黎世科技大學做研究和教書。一九二九年正式加入加州理工學院和柏萊克加州大學，南北加州奔波，和這兩校的關係一直維持到一九四七年。歐本海默是一個極會教書的人，口才好，說話清楚，接近學生，頗有「磁性」，他培養了好幾百個年輕的物理學家，其中不少人每天跟隨、模倣他，形影不離。歐本海默非常愛才，最喜歡提拔學生、照顧學生。

在三〇年代的美國物理學界，歐本海默已嶄露頭角，並充分發揮他的影響力，直到他的晚年。歐本海默對理論的貢獻，既多且廣，他和他的老師，哥廷根大學物理學家馬可士．波恩（Max Born），共同奠定了分子的量子行為理論基礎，那是一九二六年至二七年的事。一九三五年，他和梅巴．菲律普斯（Melba Phillips）一起發展了「歐本海默—菲律普斯程序」，對量子理論又作了巨大的貢獻。此外，他對半星球體的權威性解釋，對原子及原子核的理論研究，以及從天然鈾中分離鈾—二三五和確定生產原子彈所需鈾的臨界質量數等，皆卓然有成。

歐本海默沒有得過諾貝爾獎，但他的成就絕不亞於任何一位諾貝爾獎得主，就如同女物理學家吳健雄一樣，雖未得諾貝爾獎，但西方物理學界已公認，吳女士的成就早已超越居里夫人。一名得過諾貝爾獎的物理學家曾說：「和歐本海默同時代的物理學家，沒有一個人像他一樣了解現代理論物理發展的每一個層面。」

一九三六年以前，歐本海默完完全全是一個「象牙塔」中的科學工作者，不問世事，他說：「我對政治和經濟毫無興趣，也不看這方面的書，我幾乎和整個時局脫節。我從不看報紙，也不看像《時代》、《哈潑》這類的時事周刊；我沒有收音機、電話。在一九二九年股市大崩盤時，我一無所知，要到很久以後，我才知道。我第一次投票是在一九三六年大選時。」

一九三六年下半年，在歐本海默的生命史上發生了劇變，這種大變化把他從「象牙塔」中拖出來，對他產生了重大的衝擊，並影響到他的一生。他認識了許多共產黨員、左翼分子和工會會員，他開始為共產主義、自由主義和工會活動，奉獻出時間、精力和金錢。也是在一九三六年，他和一名女共黨黨員熱戀，但數年後這名女友因故死亡；一九四〇年，他和凱撒琳．布恩寧（Kathryn Puening）結婚，布恩寧過去亦曾是共產黨員，但已脫黨，歐本海默是她的第四任丈夫。歐本海默的弟弟法朗克（Frank Oppenheimer），是一名物理學家，也是一名共黨黨員。歐本海默本人則矢志否認曾加入共黨，他說他不能接受共黨的教條和理論，也沒有證據顯示他曾加入共黨。

●

在三〇年代的西方，各種學說、主義和運動，皆大行其道，皆各有「市場」，那是一個充滿動力的年代。歐本海默說，納粹對猶太人的迫害，對他親戚的恐怖壓制，以及他的學生畢業後無出路、找不到工作的悽慘，使他了解到政治與經濟的重要性，也促使他願意參與更多的社會活動。

一九四一年，諾貝爾獎物理學家亞瑟．康普頓引介歐本海默參與原子彈計畫。在三年之內，歐本海默即說服康普頓和軍方，如要製成原子彈，就必須集中一批一流的科學家和最好的設備於一個社區內，並由一個指揮部統籌指揮。發展製造原子彈計劃的代號是「曼哈頓計劃」（Manhattan Project），主持人是雷斯理．格勞維斯少將（後升中將，Leslie R. Groves）。格勞維斯極為欣賞歐本海默，他不顧陸軍情報當局的反對，選定歐本海默為發展原子彈計劃的主任，情報人員認為歐本海默的安全有問題，與共黨、左翼人士太接近，「忠貞性」可能欠缺，但格將軍加以力保。他們兩人選定新墨西哥州的洛斯阿拉莫斯（Los Alamos）為「科學城」，專門發展原子彈。整個計劃的經費是二十億美元。

由於歐本海默聲望太高，太具吸引力，科學家競相要到洛斯阿拉莫斯去。到了一九四五年，即有四千名一流科學家集中在新墨西哥沙漠上，全神貫注地發展原子彈，舉世聞名的傑米．波耳（Bohr）等大師級物理學家皆在其內。在艱苦的環境中，科學家聽從歐本海默的指揮，生活雖苦，精神卻愉快而又緊張，戰爭時代，形勢迫人，歐本海默充分發揮了他的行政才幹和處事能力。

歐本海默的「忠貞」問題，仍使特務們不放心。他在實驗場中的一言一行、一舉一動都受到監視，電話被監聽、信件被拆，他秘密到舊金山找過去的女友，也被偵知。但他不管這些，每天狂熱地工作，與科學家討論進度，與軍方協調設備與居住問題，也要排難解紛，他的體重一度掉到一百一十五磅（身高六呎），大家都叫他「原子彈之父」。

洛斯阿拉莫斯實驗場的壯舉，在人類史上是一件不可思議的「智慧大熔爐」。一九四五年七月十六日清晨五時三十分，這批智者的成果在沙漠上展現。歷史上第一個人為的原爆亮出了萬道光芒，蕈狀的雲層象徵了一個嶄新時代的來臨。歐本海默精通八種語言文字，但最愛讀梵文印度教經典，因此，當原爆一剎那，他立時想到了印度教經典《摩訶婆羅多經》中的〈福者之歌〉（Bragavad Gita）中的一段：「漫天奇光異彩／猶如聖靈逞威／只有千隻太陽／始能與它爭輝」。

原爆的成功，製成了兩顆原子彈，也就是「肥佬與小鬼」。但是，原子彈在廣島與長崎的摧毀性威力，使歐本海默的心靈深處受到極大的震撼，他痛切反省科學家的責任和原子的用途，他開始注意到原子彈所帶來的道德問題和良心問題。他要求國際共同監督原子用途，他堅決反對發展氫彈，結果他在洛斯阿拉莫斯的同事艾德華．泰勒（Edward Teller），大肆攻擊他。泰勒主張發展氫彈，並有「氫彈之父」的稱號，後來在安全調查會上，泰勒「出賣」了歐本海默，在毫無證據，只有「自由心證」和蓄意打落水狗的心態下，泰勒告訴原子能委員會調查小組：「不能讓歐本海默參與機密的核子發展決策，因為他在安全上有問題。」

•

歐本海默的「忠貞」，雖一直被情報單位所懷疑，但至少從未出過大麻煩。一九五三年十二月，一切都改變了，艾森豪總統下令「在歐本海默博士與任何秘密資料之間，應該樹立起一道無可逾越的圍牆」，也就是說，不准歐氏閱讀所有的秘密資料和文件，而且要舉行聽證調查歐氏的安全問題。

由三人組成的聽證會，於一九五四年四月十二日至五月六日舉行，結果以一對二票認為歐本海默雖為「忠貞公民」，但有安全問題。歐本海默不服，提出上訴，再經複審委員會審核，仍以一比四敗下陣來，該委員會的結論是：歐本海默「在品格上有基本的缺陷」。

一個被公認為稀世天才的學者，從此就在冷戰的年代中，被打入「冷宮」，被放逐到學術的荒原上。調查委員會對他的判決，引起全世界科學團體的抗議，因為委員會對他的指控，都是站不住腳的，都是猜想的。而且完全沒有證據可以佐證歐本海默通敵、資敵或賣國。他的罪狀，只是他在三〇年代後期認識一批共產黨員和左翼分子，以及對政治與社會活動太過熱心，同時，娶了一位過氣的共產黨員妻子。

安全有問題的後果，使歐本海默根本無法參與重大的政府科學決策，形同「不受歡迎的人」。歐本海默在心身交瘁之餘，仍賡續研究學術，與學者討論物理學的新發展，有時赴國外開會講學。但歐本海默最喜歡的，還是靜靜聆聽古典音樂，讀中國的哲學典籍和梵文經。他是一個煙不離口的人，能調出一流的馬丁尼，但勁道頗強，他又酷食辛辣的墨西哥菜。

甘迺迪頗為仰慕歐本海默，他也知道在麥卡錫主義歇斯底里式地打擊自由主義學人的風氣下，歐本海默完全是一個莫須有的事件，因此，他決心要為這位美國的「最佳腦袋」洗刷污點。甘迺迪的第一步是，一九六二年四月的一個夜晚，白宮舉行前所未有的盛大晚會，邀請所有獲得諾貝爾獎的美國得主與會，楊振寧、李政道去了，賽珍珠亦赴會，興高采烈的甘迺迪和賈桂琳周旋在賓客之間，大家注意到沒有得諾貝爾獎的歐本海默「復出」了，這是甘迺迪刻意利用這個機會向世人宣告，歐本海默獲得平反了，已經恢復名譽，可以與其他學者平起平坐了。

甘迺迪的第二步是，一九六三年秋天，他決定將美國物理學界最崇高的「費米獎章」（紀念物理學家費米 Entico Fermi）頒給歐本海默，「費米獎章」已頒發六年，歐氏將是第七個得主。甘迺迪政府向物理學界和政界的右派試探意見，結果並無反對聲浪，甘迺迪大為高興。獎章包括五萬元不扣稅的支票、一個金質獎章和一張獎狀。甘迺迪決定在十二月二日舉行頒獎典禮，但達拉斯的槍聲，卻使他未能親自宣佈他所崇敬的科學家的無辜，而歐本海默也遺憾無法向甘迺迪表達謝意。

詹森總統頒獎後，當年曾「陷害」歐本海默的泰勒，走向前去，向歐氏道賀。新聞界稱歐、泰的一段恩仇從此消失了。

•

一九四五年至一九五二年，歐本海默的權力如日中天，他擔任所有原子彈發展的重要職位，政府以他的意見為政策。聯邦頒授他勛章，以獎勵他的貢獻。自一九四七年起，他出任新澤西普林斯頓高等研究所（Institute of Advanced Studies）所長職務，一直到一九六六年，他去世前一年。這個與普林斯頓大學無關的學術勝地，被人稱為「智者的旅棧」，經常邀請學者、專家在研究所裡沉思、冥想，為人類的前程勾勒出遠景。愛因斯坦、湯恩比、艾略特等人，都是這裡的智者。歐本海默當所長後，邀請陳省身和楊振寧到所，楊氏待的時間較長。

一九六七年二月十八日，歐本海默因喉癌逝世，享年六十二歲。七天後，六百多人聚集在普林斯頓追思歐本海默，五名諾貝爾獎得主與會，其中包括李政道。詹森總統的代表、白宮科學顧問郝尼格（Donald F. Hornig）、海軍部長尼茲（Paul H. Nitze）、國家科學院（National Academy of Science）院長塞茲（Frederick Seitz）、愛因斯坦的女兒等人都到了。茱麗亞弦樂四重奏樂團在演奏貝多芬的樂曲。

著名的外交家、蘇聯問題權威喬治·肯楠（George F. Kennan）發表悼詞。在普林斯頓高深研究所做研究員的肯楠，講了一段小故事。他說，當歐本海默在五〇年代飽受打擊迫害的時候，他曾建議他到國外去避開政治風暴。肯楠說：「我告訴他，國外有一百個學術機構歡迎他去。但歐本海默拒絕了，他含著眼淚說道：『媽的！我就是愛這個國家！』」

原載於一九九〇年美洲《時報週刊》第二二五期

與台灣「同舟共濟」的藍欽大使

Karl L. Rankin, 1898-1991

美國駐中華民國大使藍欽於一九五八年一月任滿調離台北前，蔣介石親筆寫了「同舟共濟」四個大字送給他，上款是「藍欽大使誌別紀念」，下款是「蔣中正贈」。藍欽把「同舟共濟」簡單地英譯為「Same boat, mutual aid」。

藍欽駐台七年五個月，從代辦做到大使，從台灣最危急的時刻做到光明在望的階段，這位頗有人情味的職業外交家，的確是精勤誠懇地和國府「同舟共濟」，不僅如此，他和台北官方的水乳交融，使他被一些美國人士批評為一面倒向台北的「自封的擁護者」（Self-Appointed Booster）。藍欽對台灣的過度友好與支持，使風雨飄搖裡的中華民國獲得了最重要的生存酵素和「風雨故人來」的友情，但也使國務院不得不讓他離開寶島，調往他所熟悉的另一個國家南斯拉夫。

諷刺的是，國務院不悅藍欽凡事太為國府著想，已失去大使的立場；沒有想到，繼藍欽之後的美國駐華大使莊萊德（Everett F. Drumright），比藍欽還要親台灣，還要熱愛台灣，在台北任所更有「賓至如歸」的感覺。

在美國近代外交史上，藍欽並不是一個傑出的人才，也不算是一個一流的外交官，但在中美外交史上，他卻扮演了一個重要的角色，特別是在穩定美台關係上，他發揮了十分難能可貴的親和力。藍欽就是靠這種親和力來推動雙邊關係，使它穩步向前。

•

藍欽大使於一九九一年一月十五日因攝護腺（前列腺）癌，去世於緬因州，享年九十二歲。五〇年代與藍欽同時駐台的美軍顧問團少將團長蔡斯（William C. Chase），於一九八六年病逝時，終年亦為九十二歲。藍、蔡皆為國府的「恩人」，而又同享高壽，誠為「助人者，天皆壽之」也。

藍欽雖為一職業外交官，但非科班出身。他在加州理工學院和蘇黎世聯邦工藝學院念過書，後來在普林斯頓大學得了土木工程學位；做過工程師和地產商，直到二十八歲那年才改行，轉入外交界，一做三十四年。

藍欽的外交生涯，始終與「危機」（危險與機會）有密切關係，但每次都能逢凶化吉。例如，一九四〇年，他被派往布魯塞爾擔任領事的時候，納粹鐵蹄即席捲比利時；一九四一年，他被派赴貝爾格勒德（Belgrade），納粹空軍即猛炸南斯拉夫首都；一九四一年十二月，他奉命前往開羅，途經馬尼拉時，適逢日本偷襲珍珠港和入侵菲律賓，他又倒楣透頂，被日軍關二十一個月；一九四四年十二月，他持節雅典，又逢共黨猖亂，英軍與共黨大戰，藍欽死裡逃生；一九四九年八月，他銜命出任駐上海總領事，其時上海已被中共佔領，他只好在廣州待命，待了十七天，羊城亦岌岌可危，乃奉命撤至香港，改任駐港澳總領事，做了一年，始抵達台北出任美國駐華大使館代辦。

藍欽在一九六四年由西雅圖華盛頓大學出版的《使華回憶錄》（*China Assignment*）中說，國務院本來要他在耶路撒冷擔任領事，但因美國原駐上海總領事約翰·卡波特（John M. Cabot）突然生病，而中國內戰情勢緊張，因此乃臨時調差，然而上海陷共，他又變成了無法上任的「空頭」總領事，藍欽在廣州駐足的時候，認識了國府外交部代理部長葉公超，當時藍、葉兩人萬萬沒有想到，不久之後他們竟然會在台北成為最密切的外交戰友。藍欽是一個溫厚謙虛的人，他在回憶錄中恭維葉公超在外交部長任內，為恢復國府的聲望和影響力，作出了「壯觀的」（Spectacular）貢獻。其實，如果沒有藍欽的緊密配合與多方照顧國府的利益，則喬治・葉（George yeh，葉公超的英文名字）的成就必將大打折扣。

有些政治觀察家認為，五〇年代的美台外交，雙方的主導者不是藍欽和國府駐美大使顧維鈞，也不是葉公超，而是台北的蔣介石和宋美齡，華府的艾森豪和杜勒斯（John Foster Dulles）。即連葉公超也承認，在五〇年代的兩大外交成就中，他只扮演附屬性的角色。他說：「對日和約談判時，總統是外交部長，張岳軍（即張群）是政務次長，我自己是常務次長。對美外交談判防禦條約時，總統是外交部長，蔣夫人是政務次長，我自己仍是常務次長。」但不可否認，假如沒有藍欽和葉公超為美台外交殫精竭慮地貢獻心力，又能深切體諒和了解對方的立場、需要及利益，並能「同舟共濟」地執行符合兩國國策的外交，則美台關係在五〇年代絕對不可能有「千樹萬樹梨花開」的奇景。

藍欽在一九五〇年八月開始做駐台代辦，到了一九五三年四月二日方升任大使。

他一個人親眼目睹了中國大陸的變色沈淪、國府的棄守江山、韓戰的爆發、第七艦隊的巡弋台海、台灣的由危轉安、大陳的撤退、金馬危機、吳國楨與孫立人的先後垮台、中美共同防禦條約的簽訂、五二四反美事件等一系列的歷史性大事，可以說是五〇年代美台關係的最佳見證人和參與者。

杜魯門下台之後，共和黨政府按說應該對國府更為支持，藍欽亦作如是觀。但他在一九五三年五月三十一日前往白宮晉見艾森豪總統時，他發現這位剛當選總統的軍人政治家，對台灣非常冷淡，對蔣介石亦極為蔑視。藍欽是個持重的人，他在回憶錄中雖提到了他會見艾森豪的往事，但他並未把過程和談話內容詳述出來，他的目的可能是不願傷害到國府，特別是蔣介石，因此，行文就有所保留。但在史丹福大學華裔歷史教授張少書的新著《朋友和敵人：美國、中國和蘇聯，一九四八到一九七二》中，就有詳細的透露。

艾森豪在橢圓形總統辦公室歡迎藍欽向他做匯報。藍欽把蔣介石要轉告給艾克（Ike，艾森豪暱稱）的口信，一五一十地說了出來。蔣希望艾克協助國府反攻大陸，只有光復大陸才能解決世界性的問題，其中包括蘇聯對西歐的威脅。國府反攻大陸並不需要美國軍隊的助戰，而只需其他形式的協助。透過藍欽的口，蔣介石表達對艾克的致敬，並對艾克肩負重任，深表敬佩與同情，但如欲減輕此一「重任」，則艾克必須尋找「簡易的解決之道」，而中國又是整個國際局勢的關鍵，故「解決之道」即應協助國府反攻大陸。

艾克靜靜地聽完之後，即對藍欽說：「告訴老蔣（Old Chiang），我們會很記得中國。」艾克又說，蔣介石在亞洲已不再是重要人物了，「今天在亞洲真正舉足輕重的領袖是毛澤東和尼赫魯」。至於採取行動對付中共一事，艾克甚至認為與中共從事有限度的貿易，也許可以防止完全倒向蘇聯的懷抱。

藍欽在白宮的數十分鐘裡，簡直不敢相信自己的耳朵，他完全無法相信上面這些話竟出自艾森豪的口裡，幾個月以前，這位五星上將在總統大選中，還信誓旦旦地要「解除對蔣介石的束縛」，支持他反攻大陸以結束韓戰，艾克就是靠英國人不滿韓戰的進度而擁護艾克。然而，現在在白宮裡的艾克，竟然大談對中共的「綏靖」和如何使中蘇分開，而隻字未提打倒中共。藍欽回到台北後，不敢把艾克說的話如實地轉告「老蔣」，而只說：「艾克很關心中國的事，也充分了解一般情勢的重要性。」

●

蔣介石和宋美齡絕對不是省油的燈，他們當然知道艾森豪政府的言行不一和雙重標準，他們已覺察出艾克和杜勒斯感興趣的是：中國大陸會不會走狄托路線？中蘇共會不會分裂？美國與中共友好會不會使中蘇共吵架？事態的發展是，艾克和杜勒斯一廂情願的想法終成泡影，中共未走狄托路線，反倒在台灣海峽點燃戰火，不斷揚言要以武力解放台灣。中共的好戰姿態和行動，幫了台北的大忙，艾森豪政府只好面對現實，規規矩矩地支持「老蔣」，防衛台灣澎湖。毛澤東的黷武政策，亦幫了藍欽大使的大忙，他可以在不斷湧現的台海危機中，全力以赴，與蔣介石和宋美齡「同舟共濟」。

藍欽大使任內的最大成就，厥為一九五四年十二月二日在華府簽訂的中美共同防禦條約。據記載，首先向國府提議與美國簽訂共同防禦條約的人，就是藍欽。藍欽於一九五三年建議葉公超訓令國府駐美大使顧維鈞，向美國國務院提出中美共同防禦條約的初稿，經過好幾個月的談判，終由葉氏與杜勒斯簽署完成。有些人稱這項既保護台灣、但又約束國府反攻大陸的條約，為「現代史上最重要的一件大事」，至少這個條約使台灣局勢安定了二十五年，直到美國承認中共。

在外交史上，中美外交從來都不是公平的對等外交，美國一向是「老大」，國府則是需要美援的「小弟弟」，即使像藍欽如此熱愛台灣的美國使節，亦不免有代表「上國衣冠」的傲慢與自大。脾氣剛直的葉公超即曾對藍欽說：「請閣下鄭重轉告貴國有關當局，嗣後在中美關係上，應視我為平等伙伴（Equal partner），而不把我當作窮親戚（poor relative），甚至窮叫化（Hopeless beggar）看待。」

藍欽在台灣駐足了七年多，並非事事如意，其中最大的悲劇是一九五七年五月二十四日的台北群眾反美事件（一稱「五二四事件」）。美軍上士雷諾（Reynolds）在陽明山住宅將中國人劉自然射死。時間是一九五七年三月二十日午夜十一時左右。雷諾稱劉自然偷窺其妻洗澡，以為是小偷，故將其打死；但有些說法指出雷諾與劉自然因共同涉及一項黑市買賣，雷諾購自美軍福利組（P.X）的美貨轉售劉自然，因「黑吃黑」而發生爭執。美軍享有「治外法權」，不受台灣司法管轄，雷諾乃由美軍軍法庭審判，五月二十日開審，五月二十三日下午宣判無罪，在場旁聽的一百多名美軍和他們的眷屬，報以熱烈掌聲。

五月二十四日上午十時多，劉自然的妻子開始在美國大使館外面舉牌示威，抗議牌上寫有中英文，中文是「殺人者無罪？」和「我控訴、我抗議。」在大使館外圍觀劉太太示威的人越來越多，台北市警局局長劉國憲罵劉太太說：「你是不是想製造事件？」劉太太開始哭泣，不久，有人突然喊道：「雷諾已經坐飛機走了！」群眾乃開始向大使館「進攻」，首先是擲石塊，後來是翻牆衝進大使館，砸破玻璃、燒汽車、搗毀辦公室、燒美國國旗、砸冷氣機和百葉窗，幾個老美被打，數千人圍觀，衝進使館者約百人，每當憤怒之徒搗毀一件東西，群眾即叫好。

搗毀了大使館後，群眾又包圍了美國新聞處，打爛了玻璃和門窗，再包圍美國協防台灣司令部和台北市警察局。五二四當天晚上，台北衛戍司令部宣布戒嚴。

正在香港度假的藍欽趕返台北。他向葉公超提出抗議後，即由葉氏陪同赴美國大使館查看現場，據說藍、葉二人仍被未散去的群眾丟了石頭。一位記者說：「當藍欽巡視大使館時，他的眼淚流出來了，那是一個極其悲慘的場面。」

群眾包圍台北市警察局的目的是，看看警察有沒有抓人，群眾燒警車、打警察，警方開槍鎮壓，結果死了一人，數十人受傷。

據稱事件發生時，蔣介石正在日月潭。五月二十六日，蔣在官邸接見藍欽，交談一小時，蔣向藍欽表示遺憾，並聲稱此次事件純為雷諾案件而引發的孤立事件，絕不是反美行動。同一天，台北市警察局長劉國憲、台灣省警務處處長樂幹、台北衛戍司令黃珍吾等三人被免職。

華府對五二四事件的反應，頗為鎮定、克制和謹慎，未隨便報復或過度反應。但當時曾盛傳指揮群眾搗毀美國大使館的是軍方，所謂「群眾」乃是一批軍人；又有人說幕後主持反美的是蔣經國，打手是從復興崗政工幹校調出來。真相迄今猶未明，暴動後不久，一批軍警首長也換了人；陸軍總司令黃杰下台，轉任總統府參軍長；彭孟緝出任陸軍總司令兼台灣防衛總司令；王叔銘出任參謀總長；尹俊出任憲兵司令；郭永出任警務處長；蔣經國擔任退除役官兵輔導就業委員會主任；黃鎮球出任台北衛戍司令。

藍欽在回憶錄中不滿地說，國府官方對大使館財產與人員的保護，「太慢和太少」，有關官員對事件的反應「太過遲鈍」，「相應行動太緩慢」。

國府當局於五二四晚上宣佈戒嚴時，亦同時自外地增派正規軍部隊開往台北，以防事態擴大。有人擔心事件可能已經「變質」，也許有「匪諜」從中滋事以擴大亂局。奇怪的是，國府調派部隊進入台北的消息，馬上傳到了北京！據當時擔任行政院政務委員的民社黨領袖蔣勻田在回憶錄《中國近代史的轉捩點》中透露：「……對於搗毀美國駐台北大使館後，當時陳辭修院長（按：陳誠應為副總統，其實行政院長為俞鴻鈞）召集一次綜合會議，報告當天蔣總統在台中日月潭，陳恐事變拖延擴大，乃調兩師軍隊駐市外，兩師駐市內，以防突變。時在晚九點鐘左右，甫至深夜一時許，即聽到北京廣播，指明四位師長的姓名說，你們若到台北，傷害一個台灣同胞，將來解放台灣後，必懲處你全家。若不傷害台灣同胞，將來解放台灣後，可以將功折罪。」

一九五七年九月十二日，美國副國務卿赫特（C. A. Herter，後升任國務卿）及無任所大使李查茲到台灣，對五二四事件作最後之檢討。同年十二月上旬，國務院下令藍欽調往南斯拉夫。

藍欽駐台時日雖不算太短，但他不能算是「中國通」，他對台灣政局的一些分析和觀察，也非可取。例如，他在離台前兩、三個月（一九五七年十月中旬），曾面告赴台採訪的《紐約時報》外交專欄作家 C. L. 沙茲伯格（C. L. Sulzberge）說，蔣經國「不大可能」（improbable）會接班。

藍欽是個謹守分寸的外交官，因此，他的回憶錄不能說是一本好書，對許多事（如孫立人事件等）都未加以詳述，保留太多。也許他寫傳寫得太早了，如遲十年或二十年再寫，在時代已經大變的時候再動筆，可能會更精采。

藍欽的去世，使五〇年代的美台外交關係終得掩卷。然而，在人琴俱渺之餘，藍欽的貢獻，五〇年代的動盪風雲，國府的站穩腳根以及美台外交，都是深值探究的課題。因為，以往的經驗，正是後來的教訓；今天的台灣又面臨一個動盪的年代，其風浪尤遠過於五〇年代，不知過去，焉知未來。五十多年來辛辛苦苦建造的「不沉的航空母艦」，稍一不慎，即很容易在怒海中觸礁沉沒。

今天已經沒有像藍欽這種友人會大力幫助台灣了，「航空母艦」上的二千三百萬人必須人人自危、戮力圖強，真正地「同舟共濟」！

原載於一九九一年美洲《時報週刊》第三一四期

洛克斐勒家族與中國

The Rockefellers

微軟巨富比爾·蓋茲和其他新科億萬富豪在廿世紀末陸續出現之後，世人似已忘掉洛克斐勒（Rockefeller）家族的存在。

洛克斐勒這個姓氏，曾經是近代資本主義的化身、美國富甲天下的象徵。儘管「洛克斐勒朝代」已告式微，他們所擁有的大通銀行（Chare Manhattan Bank）也已被別的銀行所併吞；曼哈頓中城的洛克斐勒中心五十六棟大樓，八〇年代末被日商三菱地產收購後，九〇年代中宣告破產，產權已不再屬於洛氏家族。然而，洛氏家族今天仍擁資四十億至五十億美元，他們對美國金融、經濟、政治、外交和文化，依然有不可忽視的影響力。洛氏家族與近代中國的發展，更有一段密切的關係，他們對中國教育、醫藥、建設、社會福利和慈善事業的巨額捐獻，超過對任何一個落後國家的援助。

洛氏家族目前已傳到第六代，第三代的掌門人、前大通銀行董事長大衛・洛克菲勒，已九十多歲，最近出版一部五百多頁的回憶錄（Memoirs），講述洛氏家族的興起以及他個人在金融、商業、慈善、外交與社交上的經歷，其中一章〈穿透竹幕〉，專說洛氏家族以及他自己和中國的關係。

洛克斐勒朝代始於十九世紀中葉，第一代的約翰・洛克斐勒開採石油致富，他所創立的美孚石油公司（Standard Oil Co.），到中國推銷煤油，約翰的目標是要中國家家戶戶都使用美孚生產的煤油燈，他幾乎實現他的目標。因此，中國人老早就稱約翰是「煤油大王」。美孚公司同時也是美國近代第一家「托辣斯」（trust），從探油、煉油到銷售，他們壟斷一切。約翰生活儉樸，只知道賺錢和省錢，活了九十八歲（一九三七年去世），育有一子四女。

洛克斐勒家族名震寰宇的原因，固然是他們的「多金」，但不可否認的，洛氏朝代能夠留名史冊，乃是他們到處「散財」。這種富而好仁、樂善好施的美德，從老洛克斐勒開始，並在第二代、第三代身上賡續發揚光大。誠然，老洛克菲勒慷慨大度的動機，一方面是受到重稅和反托辣斯法的影響，一方面也是為了要回饋社會、嘉惠世人。

老洛克斐勒在一八九一年獨資創辦第一流的芝加哥大學，他和獨子約翰二世很想在中國創辦像芝加哥大學一樣的一流大學。他們派遣專家到中國考察可行性，但遇到兩大阻力，一是受到在中國傳教的美國基督教會的反對，他們擔心洛氏創辦的大學會宣揚異教思想；一是中國官方的反對，他們害怕新的學府會使社會變質而不利於統治。洛氏父子面對阻力，毫不氣餒，他們想到了最保險、最安全的方法：創辦醫學院和醫院以推廣西方醫學。

小約翰一連派出三個代表團到北京考察成立現代醫學校的前景，洛克斐勒基金會（中國稱為羅氏基金會）花了二十萬美元買下英、美教會創辦的「協和醫學堂」，再以十二萬五千美元購得東單三條胡同豫王府的產業，準備成立「新協和」。袁世凱和黎元洪分別接見洛氏考察團，黎元洪還請他們吃飯。洛氏家族決定於一九一七年開工興建宮殿式的新校舍，小約翰親自來華主持破土典禮，中國教育總長范源濂和亞洲各國的一流大學校長均參與盛典，四年後（一九二一）的九月，校舍竣工。

洛氏家族花了一千二百萬美金興建的北京協和醫學院（PUMC）和附設醫院成為全亞洲最現代化的醫學中心。小約翰二度來華主持開學典禮，他的兒子大衛在回憶錄中說，他的父母利用主持協和開學之便，以三個月時間暢遊中國和日、韓，「害他每天想念爸媽」，大衛是么兒，那時才六歲。

協和醫學院和附設醫院為中國醫學的現代化，發揮了拓荒作用。協和的特色是：英文教學、學生少、訓練嚴、師資好。協和在中國近代醫學史和革命史上亦有其重要的一頁，孫中山先生罹患肝癌，即在協和治病，去世後，遺體亦在協和做解剖。一九五一年，中共正式接收協和，文革時改名「反帝醫院」。一九七一年七月，《紐約時報》名報人雷斯頓就在「反帝醫院」接受針灸盲腸手術，他說，醫生醫術不錯，但病房牆壁貼滿了《毛語錄》。文革後，「反帝醫院」易名為「首都醫院」，現仍為北京首屈一指的醫院。

大衛．洛克斐勒畢業於哈佛，後在芝加哥大學獲經濟學博士學位，為人溫和、低調，有四個兄長、一個姊姊，其中最出名的是曾任紐約州長和副總統的二哥納爾遜（Nelson Rockefeller，一九七九年去世）。大衛對外交最有興趣，曾任外交關係協會主席、三邊會議主席。一九七二年初尼克森訪問中國大陸後，大衛即向季辛吉打聽如何能獲北京邀請訪華，季辛吉告訴他去找中國駐聯合國常任代表黃華。季辛吉的發跡全靠納爾遜的關係，就是他向尼克森推薦季辛吉。大衛等了一年，北京對這個大資本家的訪華請求，毫無反應，一九七三年的一天，大衛的老部屬、大通銀行副總裁皮埃爾（Leo Pierre），乾脆提了一只裝滿五萬美金現鈔的皮箱，在紐約羅斯福旅館大廳等候黃華和中國代表團，皮埃爾等了一天，終於被他等到。他看到黃華，即迎上去自我介紹，並說中國代表團剛來紐約，需要一點零用錢，他請黃華收下，黃華嚇了一跳，很有禮貌地婉拒了。

不久，大衛夫婦邀請黃華、何理良夫婦到洛氏鄉間別墅飲茶，大家都顯得不太自在，大衛的妻子還出了一次糗，她弄不清楚中日文化的不同，竟說：「我們應該舉行一個茶道儀式。」大衛聽了，臉色頓時紅得像豬肝。大衛對北京的冷淡，毫不灰心，他一直向黃華示好。機會來了，大衛又請黃華夫婦參觀洛氏家族創辦的現代藝術館（MOMA），然後再到大衛家裡吃飯，黃華終於說道：「巴基斯坦航空公司將首航北京，也許你們有興趣參加，不過，你們大概不方便去巴基斯坦，你們可以直接從紐約去北京。」大衛一聽，簡直樂壞了，馬上要求帶一批高級幕僚去，黃華都答應。一九七三年夏天啟程訪華前，大衛曾要求坐私人飛機去大陸，中方拒絕。

一九七三年六月二十九日晚上十點四十五分，周恩來在人民大會堂樓梯口親迎大衛（日後出任駐北京大使的溫斯頓．羅德對大衛說，這是特殊禮遇），然後在「台灣廳」邊吃邊談，直到半夜一時才散會。周恩來問大衛認不認識宋子文、孔祥熙，大衛說不認識，周顯得有點失望（大衛在回憶錄中表示，宋、孔比他長一輩，他當然不認識）。席間，周對台灣的經濟成長，表示肯定，但批評台灣所成立的加工出口區對勞工沒有助益，只是進口原料，製造廉價品出口，諷刺的是，中共日後亦模仿台灣的加工出口區，在沿海一帶廣設貿易特區。周恩來對美國金融體系和世界經濟極感興趣，周並認為尼克森和季辛吉似乎不太懂經濟。大衛說，周喜歡談實際問題，不像赫魯雪夫只愛談意識形態問題。

大衛．洛克斐勒此後在十二年內，訪問過五次中國大陸，見過鄧小平、趙紫陽、江澤民等領導人，對趙的印象最好。由於大衛的刻意經營，大通銀行成為第一個與大陸建立金融關係的美國銀行（其實，二十世紀初年，大通即已在中國營業），中共駐聯合國代表團和駐美聯絡處亦在大通開設帳戶。不少美國政界和商界人士批評大衛過度熱中外交事務，忽略了家族事業的經營，而導致洛氏朝代的沒落。事實上，如果沒有大衛數十年在外交和慈善事業上的賣力，洛克斐勒家族可能已成為歷史名詞。今天，誰還記得范特比德（Vanderbilt）、凱洛格（Kellogg）、梅隆（Melon）和卡內基（Carnegie）等家族？

原載於二〇〇二年十月二十八日《中國時報》兩岸三地新聞版

抖出《越戰報告書》的艾斯伯

Daniel Ellsberg, 1931-

丹尼爾・艾斯伯是二十世紀七〇年代以來美國最傳奇的人物之一。他在四十歲（一九七一年）的時候，將秘密獲得的機密檔案《五角大廈文件》（***Pentagon Papers***，一稱《越戰報告書》或《越戰歷史文獻輯》），提供給《紐約時報》發表，促成尼克森政府一面控告《時報》洩露國家機密，一面在白宮組成專案小組全力對付艾斯伯。由於尼克森本人對艾斯伯、自由派媒體、反戰人士和民主黨的深惡痛絕，終於爆發水門事件，而導致尼克森於一九七四年夏天黯然下台。

艾斯伯二〇〇六年秋天推出：《秘密：越戰與五角大廈文件回憶錄》（***Secrets: A Memoir of Vietnam and the Pentagon Papers***，*Viking* 出版），詳述他和越戰、五角大廈文件的密切關係。這本姍姍來遲的著作，頗引起讀書界的注意。艾斯伯是猶太人，是個「神童」型的學生，一九五二年以最優異成績畢業於哈佛大學，主修經濟。在英國劍橋大學國王學院深造一年後，即投效美軍陸戰隊。一九五七年退伍，隨即返回哈佛攻讀政治經濟學，五年後獲得博士學位，他的研究主題是政治與經濟上的威脅、壓力與強制作用，這門被稱為「瘋理論」的學科，在五〇年代頗為流行。一九五九年，哈佛政府系歷史教授季辛吉對艾斯伯的研究，頗為欣賞，曾兩次邀他在其課堂上發表專題演講。

艾斯伯退伍後，除了在哈佛攻讀博士學位，亦在加州聖塔默尼卡市蘭德（RAND）公司當戰略分析員，蘭德公司隸屬於國防部，裡面有不少人才。甘迺迪就任總統的第一天，艾斯伯即到國防部做顧問，介紹人就是副國防部長保羅．尼茲（Paul Nitze）。一九六一年秋天，艾氏到越南訪問一個禮拜；一九六二年十月古巴飛彈危機期間，協助國防部和國務院成立危機處理小組，一九六三年，離開國防部；翌年辭去蘭德公司職務，但重新加入國防部，出任助理國防部長約翰．麥克諾頓（John McNaughton）的助理，全神貫注於越戰，一九六五年六月協助策畫派遣美國地面部隊赴越作戰，以及空襲北越作業。一九六六年，艾斯伯和其妻婚姻破裂，請調赴越，出任退伍少將藍斯德（Edward G. Lansdale）的特別聯絡官。五〇年代的著名小說《醜陋的美國人》（*The Ugly American*），即是影射藍斯德，他當時在越南的秘密任務是推動綏靖計畫。艾斯伯於一九六七年因嚴重肝炎而被迫返美，在國防部任職的雷斯利·蓋布（Leslie Gelb，曾任《紐約時報》外交記者及外交關係協會會長）邀他加入五角大廈文件編寫小組。國防部長麥納瑪拉（Robert S. McNamara）於一九六七年六月指定蓋布領導七人小組研究美國捲入越戰的原委、經過和戰略。一九六九年一月，完成四十七卷的五角大廈文件，約七千頁、二百五十萬字，當時僅印十五套。這部文件從杜魯門時代寫到詹森時代，文件內容有些被列為「機密」，有些則列為「極機密」。

一九六八年是艾斯伯思想急劇轉變的一年，他懷疑越戰、對自己失去信心、對前途感到茫茫、對國家沒有信念，再加上越共發動春節攻勢，進襲美國駐越大使館。黑人民權領袖金恩和羅伯·甘迺迪相繼遇刺殞命，這些連串變亂，使艾斯伯陷入個人危機，他不得不去看精神分析醫生。一九六八年十一月大選後，尼克森任命季辛吉為國家安全顧問，季辛吉要求蘭德公司準備一份越戰報告，蘭德公司即囑艾斯伯撰寫，艾氏與季辛吉見了幾次面，討論報告內容。一九六九年九月，艾斯伯認定尼克森、季辛吉不但沒有儘快結束越戰的誠意，而且計畫升高越戰以迫使北越接受美國的政治條件。在賓州哈維佛（Haverford）學院的一場反戰會議中，艾斯伯躲在廁所中泣不成聲，他很想做一件能夠改變美國越戰政策的大事，他準備偷偷影印蘭德公司所藏的一套五角大廈文件。九月二十九日，艾斯伯聽到陸軍部長決定不起訴六名被控謀殺越南雙重間諜的美國特種部隊士兵的消息，他決定採取行動。

一九六九年秋天，艾斯伯獲得蘭德公司一名老同事及其女友的幫忙，每天晚上十一時三十分離開蘭德公司時，公事包裡藏了大批文件，通宵達旦影印後，一大早就把文件帶回公司，此項行動持續數週，有一次他和前妻所生的兩個兒子也跑來幫忙。艾斯伯拿到文件影本後，曾想透過參議員傅爾布萊特（J. William Fulbright）和麥高文（George McGovern）等人發表，但遭拒絕。麥高文則建議他交給《紐約時報》或《華盛頓郵報》發表，不過，艾斯伯也很擔心自己洩露國家機密的刑責問題。一九七〇年春天，艾斯伯應麻省理工學院國際研究中心之聘，出任研究員，直至一九七一年二月中旬，艾斯伯才找上《紐約時報》記者希恩（Neil Sheehan），透露他有機密文件。艾斯伯在越南的時候即認識希恩，希恩當時是合眾國際社記者。

希恩獲得《時報》高層批准後，即偕其作家妻子於三月十九日（星期五）以「湯普生夫婦」之名住進麻州劍橋哈佛方場（Harvard Square）附近的一家汽車旅館。艾斯伯帶他們去一間藏有文件的公寓，交給他一把鑰匙，只說他們只能看到星期一，但沒說不能影印。希恩是個聰明人，他當然知道艾斯伯的用意，他立即打電話給《時報》駐波士頓特派員，請求協助。特派員找了一家裝有高速影印機的商店日夜影印文件，機器用壞了，再換一家。由於文件太多太亂，希恩和另一同事花了近一個月時間始整理出來。《時報》高層經過正反雙方辯論，最後建議發行人刊登文件，發行人考慮後，毅然不顧法律顧問的激烈反對和辭職要脅，決定於六月十三日（星期日）發表。尼克森政府訴諸法律行動，《時報》被迫停刊十五天，其間艾斯伯又把文件交給《華盛頓郵報》，《時報》和《郵報》同列被告。《時報》堅持五角大廈文件只是一份歷史文獻與紀錄，根本不涉及越戰、軍事、外交、情報和國家安全事務。最高法院於六月三十日以六比三裁決《時報》與《郵報》勝訴。

五角大廈文件發表後，尼克森政府馬上就知道是艾斯伯的傑作。尼克森每天在白宮痛罵艾斯伯和《紐約時報》「那幫猶太人」是叛徒，他並把艾斯伯比成是四〇年代末、五〇年代初被他清算的前國務院高級官員希斯（Alger Hiss，被控為蘇聯間諜）。尼克森下令成立「水管小組」（Plumber Unit，一稱堵漏小組）全力調查艾斯伯，把他搞臭。這個小組並潛入好萊塢比佛利山莊艾斯伯的精神分析醫生診所，偷取艾氏的病歷，並大肆誹謗艾氏的私生活。但尼克森政府控告艾氏叛國、間諜和偷竊政府機密文件的訟案，全都因證據不足而遭駁回。「水管小組」任務加重，於一九七二年六月十七日深夜派五個人半夜潛入水門公寓民主黨總部偷文件，結果引發了震撼全美的水門事件，也引爆了尼克森的自我毀滅。

艾斯伯在三十一年前為了不使美國繼續陷入越戰泥淖，透過《紐約時報》公布了五角大廈文件，改寫歷史走向，他的貢獻是「石破天驚」的。

原載於二〇〇二年十月二十二日《中國時報》國際新聞版

空軍將領衣復恩和蔣家父子

1916-2005

以九十高齡辭世的衣復恩中將，是中華民國空軍的一名傳奇人物，為蔣介石開了十年的總統專機，載送蔣離開大陸、訪問菲律賓和韓國；與蔣家親若一家，和蔣經國情同手足，衣復恩的妻子蕭瑛華是蔣孝章的乾媽。由於衣氏受蔣家父子的高度信任，乃奉命負責執行美國中情局與台灣合作的 U-2 偵察機計畫以及協助成立中華航空公司。但就在他的軍旅生涯如日中天之際，卻以莫須有罪名被下獄三年，其中兩年與《自由中國》雜誌創辦人雷震在新店牢裡比鄰而居。

周至柔引薦奉命載過周恩來

衣復恩是山東濟南人，航校五期畢業，空軍科班裡輩分頗高，經周至柔推薦擔任蔣介石專機駕駛，嗣後又獲周拔擢出任駐美空軍武官，從此被視為「周至柔的人馬」，周系與王叔銘人馬經常摩擦，而蔣經國又和周、王不合，蔣曾批評綽號「王老虎」的王叔銘：「打著老先生的旗子，搖得太厲害了。」王則說：「我和蔣經國是師兄弟，我不一定要聽他的。」蔣經國為了阻止周至柔出任行政院長，以匪諜嫌疑逮捕周的親信、名報人李荊蓀。衣復恩說，周至柔不太贊同蔣介石的一些理念，但又不敢明言，常在私下發牢騷說：「反共已困難了，還要抗俄！」衣氏又說周至柔在大陸變色前曾講過一句名言：「抗日靠山，反共靠水。」

抗戰末期（一九四四年），衣曾奉命送周恩來自重慶飛回延安，住了一宿，再由延安經蘭州飛重慶，曾見到毛澤東、朱德、林彪、鄧小平；衣對周恩來的親和力，印象頗深。衣氏多次載送蔣夫人和孔二小姐，曾暗諷孔家發國難財，孔二小姐則承認武漢撤退前把法幣全換成美金，孔家財產絲毫未貶。孔二小姐常在官邸批評衣氏，很可能埋下他日後坐牢的火種。

暗諷發國難財得罪孔二小姐

衣復恩是第一個飛越大西洋和駝峰的中國空軍，為蔣介石開了十年（一九四三至五三年）專機之外，衣氏歷任空運第一大隊長（後改名空軍第十大隊）、嘉義空軍基地指揮官、駐美空軍武官（一九五二至五五年）、空軍情報署長、空軍副參謀長、國防部計畫參謀次長室執行官。衣氏與孫立人頗熟，其兄衣復得曾任孫立人幕僚，兄弟二人很敬佩孫氏，但衣復恩透露，蔣經國曾親口告訴他，孫立人「蓄意叛國」。衣氏擔任駐美空軍武官時，兩個飽學幹練之士正好坐鎮華府，他們是駐美大使顧維鈞以及負責收拾空軍副總司令毛邦初軍購貪瀆大案的俞大維。衣復恩那時和俞家建立了友情，俞大維的兒子俞揚和與衣氏同屬空軍老戰友，交情至深，沒想到後來衣復恩奉蔣經國之命到舊金山設法拆散蔣孝章與俞揚和的愛情，衣氏看到孝章日夜與揚和情話綿綿，乃稟告蔣經國無法完成任務。

U-2計畫折損五空軍菁英

五〇年代末，美國開始秘密介入越戰，台灣亦在幕後協助美國，蔣經國與克萊恩決定成立一家民航公司以掩護美台支援越戰，蔣囑衣復恩負責策畫，衣提出三個名稱供蔣挑選：中國航空公司、中華航空公司、華夏航空公司，蔣選定中華航空公司，於一九五九年十二月十六日成立。六〇年代中，美中情局欲加強偵察大陸，由中情局台北站長克萊恩與蔣經國達成協議在桃園成立一支秘密的U-2高空偵察機中隊（即黑貓中隊），由中華民國空軍為中情局開U-2，國防部長俞大維反對，他認為對台灣的戰略與安全沒有實際利益，因所有攝製成果必須全部由美方掌控，台灣等於是幫美國打工。蔣氏父子很熱中這項計畫，並交由衣復恩負責執行與督導。

黑貓中隊前後有二十七位飛行員，遭中共擊落者有五人。衣復恩日後回顧U-2計畫，他的觀點印證了俞大維早先的顧慮，衣氏說：「中華民國當局，本來可以運用U-2偵察任務作為條件，向美國提出一些合理要求，可惜我方沒有這麼做。現在回想起來相當可惜，也有點後悔。特別是中華民國空軍折損那麼多菁英……又能代表什麼意義呢？」

一九六四年蔣經國出任國防部副部長，囑衣復恩跟他一起去國防部，衣不太願意放棄他所主持的U-2、華航和空軍電子偵測，但他還是隨蔣去國防部擔任參謀次長，命運卻發生了大轉折。一九六六年七月，衣氏收到了軍法處傳票，調查U-2在桃園興建棚廠的工程經費問題，九月九日檢察官對他說：「上面交代，請你暫且不要回去了！」這一「暫且」，就是一千零六十六天，每隔一段時間軍法官會找他問話，從未定他罪名，只是失去了自由。俞大維、周至柔、蔣緯國、王新衡都曾過問此事，皆不得要領。一九六九年八月十一日獲釋，衣氏說他「糊裡糊塗的走入看守所，又糊裡糊塗的走出看守所。這莫名其妙的三年，是誰開了我一個大玩笑！」

為反攻無望論看守所過千日

衣復恩曾懷疑是蔣經國，但蔣方良告訴衣妻：「復恩出事的幾天，經國心情不佳，每天都在家中發脾氣。」衣氏說：「可見我的案子，很可能不是出於蔣經國的手筆。」衣復恩認為唯一可能的是他常和美國駐台大使館高級官員林克斯（Robert Linquist）談及反攻大陸問題，快人快語的衣復恩曾向他表示反攻大陸不太可能。衣氏的

「反攻無望論」在美國駐台外交圈裡傳播很廣，而他又是與蔣家親近的人，美方把衣氏的看法報回華府，林克斯在國會作證亦曾引述衣氏「反攻無望論」的說法。台灣駐美特工和孔令傑等人向官邸打小報告。衣復恩說：「毫無疑問的，我的案子應是出自最高層的授意。」但亦表示蔣經國可能奉父命抓他。衣氏出獄後，蔣孝文去看他，說道：「衣伯伯，我們蔣家對不起你。」衣妻蕭瑛華曾分別向蔣孝勇夫婦打聽蔣經國日記是否記載衣復恩被捕一事，但皆不得要領。

衣氏撰寫回憶錄史料價值高

衣復恩離開軍隊後經營亞洲化學公司頗有成績，並在大陸設廠，另成立立青文教基金會。名報人陸鏗和衣復恩是老朋友，衣氏晚年撰寫回憶錄《我的回憶》，陸曾協助校正。《我的回憶》由立青文教基金會出版，屬非賣品，該書史料價值頗富，可讀性高，衣氏家屬似應考慮公開發行，讓欠缺歷史知識的年輕一代多了解一點現代中國的動盪。

原載於二〇〇五年五月十一日《中國時報》綜合政治版

堂堂溪水出前村——雷震史料面世的聯想

二〇〇二年十月底收到台北國史館航空寄來兩大冊《雷震案史料彙編》，連續幾個寒夜翻閱《雷震獄中手稿》和《國防部檔案選輯》，心中有無限的鄉愁與感慨。回憶起四十多年前開始接觸到《自由中國》雜誌的往事，也想到了自己政治思想的啟蒙歲月。

念初中的時候，最喜歡聆聽兄長們談論國家大事，就讀高雄醫學院的大哥常會把《自由中國》半月刊帶回家，我很快地被批評國民黨的文章和犀利的文字所吸引，有時自己也花錢買雜誌。當時就聽說每期《自由中國》出版後，各大學圖書館借閱者眾，許多人在精彩的地方畫紅線，作眉批，宿舍裡互相傳閱，大家爭睹，不看《自由中國》似乎是很丟臉的事。長大後，認識隱居新竹的翻譯家梅寅生先生，每次去新竹，總是要到武昌街冷月軒向他請益，記得他告訴我，《自由中國》辦得比大陸變色前儲安平主編的《觀察》還要好。有一次至獅頭山一座寺院住宿，遇到國立藝專的一位外省籍教授，他也說《觀察》的內容比不上《自由中國》，這兩本政論雜誌都是以批判國民黨為主軸。

一九六〇年（民國四十九年）夏天，我升上高中，正打算向父母親討錢訂閱《自由中國》，沒想到雜誌卻被迫停刊。我永遠不會忘記：一九六〇年九月四日下午，結束高一新生訓練，在新竹火車站準備搭火車回竹東，在車站閱報欄內，赫然看到《自立晚報》頭版頭條新聞：《自由中國》半月刊發行人雷震涉嫌叛亂被捕！與雷震一起被抓的有雜誌主編傅正、經理馬之驌和會計劉子英；雷震被控的罪名是：知匪不報（劉子英被迫自承是匪諜）、為匪張目、作有利於叛徒的宣傳、提倡「反共無望論」等。我呆呆地望著閱報欄，太震撼了，我不敢相信自己的眼睛，但眼前有白紙黑字為證，我感到一陣天旋地轉，連走路的力氣都沒有。

雷震給我的思想啟蒙

開學後，我在週記上連寫了幾個禮拜懷念雷震、批評國民黨的雜感，一天早上，朝會結束後，班導師叫我留下來在操場上談話，我馬上知道是怎麼回事。班導師勸我不要再寫雷震的事情，「給教官知道不好，會很麻煩」。上了高二，卻碰到了一位最愛在課堂上發牢騷的國文老師，這位曾受業於王國維門下的老師，每次「跑野馬」罵國民黨、捧胡適和雷震，就是國文課最精采的時段。沒有了《自由中國》，只好看《民主潮》、《民主中國》和《時與潮》，內容當然不能和《自由中國》相比；國民黨後來拿了一筆錢給胡適的弟子毛子水主編《新時代》，欲取代《自由中國》，看的人不多。倒是日後的《文星》，在文化層面上有點《自由中國》的味道，但《自由中國》停刊後，台灣就從此再也沒有上乘的政論刊物了。

負笈台北後，曾到牯嶺街買了不少舊《自由中國》；出國後，多年辛苦蒐集的各種舊雜誌和大批藏書，乏人照顧，不知去向，痛心不已。數年前，紐約《中報》老同事胡基峻從紐約搬回舊金山，送我兩大冊《自由中國》合訂本，我如獲至寶。

現在還託人在台北舊書店尋找《自由中國》和其他跟我一起長大的舊雜誌。

李登輝曾經大捧蔣經國對台灣民主政治的貢獻，並稱自己是「蔣經國學校」最好的學生。可笑的是，儘管李「大統領」大聲捧蔣，他上台後的所作所為、下台後的政治言論，卻無一不是和「蔣經國學校」背道而馳，實際上是專挖「蔣經國學校」牆腳的叛逆學生。沒有疑問的，雷震才是台灣民主政治的真正播種人兼耕耘者；雷震曾經是國民黨的官僚、黨棍，亦為蔣介石的愛將，到了台灣後，日益相信唯有民主憲政才能救台灣、救中國。他不忍看到蔣家父子比過去還獨裁，他不願看到國民黨走向列寧式的政黨，他要在《自由中國》上鞭策蔣家父子和國民黨政權，使台灣成為名副其實的自由中國。當時在台大哲學系教書、亦為《自由中國》撰寫社論與專論的殷海光，曾在南京《中央日報》做過主筆，一度是國民黨法西斯主義者；他和雷震一樣，到台灣後脫胎換骨，投身於推動台灣民主、法治、自由與人權的康莊大道。再加上夏道平和宋文明，《自由中國》儼然成為中國和台灣近代史上最具影響力的期刊之一。

李登輝今天可以高談民主政治，陳水扁現在能夠坐在總統府裡發號施令，都應該感謝雷震和《自由中國》的開創之功。沒有雷震、殷海光、夏道平、宋文明、傅正和其他敢言之士「雖千萬人，吾往矣」的道德勇氣，李、陳都不可能出頭天；沒有《自由中國》十年十個月（一九四九年十一月至一九六〇年九月）的艱苦奮鬥，撒播民主政治的種籽，本省籍的知識分子和政治人物不會那麼執著地追求政黨政治，《美麗島》雜誌也不會辦得那樣有聲有色，蔣經國更不可能棄守戒嚴時代的馬其諾防線。除了主持《自由中國》，雷震的最大貢獻是，以母雞帶小雞的方式帶領台灣政治人物籌組反對黨，青年黨和民社黨皆是拿國民黨津貼（所謂「反共抗俄宣傳費」）的在野黨，絲毫起不了反對作用。雷震和齊世英、蔣勻田、孫亞夫、楊毓滋、夏濤聲、朱文伯、沈雲龍等外省反對派，不僅在言論上向台灣人灌輸民主自由思想和國民黨的醜陋面目，且以行動團結台灣在野菁英組織一個強有力的反對黨。

毛蔣皆為獨裁者

《自由中國》對蔣介石的個人獨裁、違憲連任、蔣經國與救國團的黨化教育、黨化軍隊、司法的不公以及對反攻大陸的質疑，早已惹火蔣家父子，籌組反對黨則促使蔣家父子下定決心逮捕雷震、關閉《自由中國》。在《國防部檔案選輯》中，蔣介石主導雷案的證據，處處躍然紙上，選輯中即選了雷震被捕後蔣介石在九、十兩個月中對雷案十次的垂詢與指示，其中包括：「雷之刑期不得少於十年」、「自由中國半月刊一定要能撤銷其登記」、「覆判不能變更初審判決」。國史館出版這兩大冊彙編，乃是讓史料說話、讓證據吐實的最佳範例。雷案爆發後，美國朝野和親台媒體（包括最支持蔣的《時代》週刊創辦人亨利．魯斯〔Henry R. Luce〕），大為憤怒。但蔣介石深知只要反共、只要在西太平洋防範中共的擴張，山姆大叔只會皺皺眉頭，發幾句不痛不癢的怨言而已。他們不會干涉台灣的右翼政治，更不可能出面搶救為言論自由而犧牲的人。倒楣的雷震只得以六十四歲之齡坐滿十年黑牢。

這幾年常聽大陸朋友表示，毛澤東和蔣介石雖都是獨裁者，但毛是大暴君，蔣是小兒科，台灣算是太幸運了。我對他們說，在美國的保護下和美援的支持下，蔣介石也許守土有功，但台灣的民主政治卻被他拖了四分之一世紀。在強人時代，雷震敢隻手對抗當道，出版《自由中國》，他的勇氣絕不亞於在戰場上衝鋒陷陣的人。在紐約大雪紛飛的深夜，燈下展讀《雷震獄中手稿》，對他身陷鐵窗仍毫不留情地批判蔣家父子和國民黨，不禁想到了「古道照顏色」的不朽畫面。猶憶二〇〇二年六月在哥大圖書館珍藏室看到張學良日記，筆下對蔣介石的必恭必敬、連蔣字上面都要空一格的忠忱表態，真是與雷震日記不可同日而語。張學良只會在老蔣死後批蔣，足證雷震比少帥有種多了。雷震在一九六六年二月二十六日日記寫道：「國民黨革命成功就壓迫反對黨，蔣中正二任之後，就修憲而三任，現在又準備四任了。這都是製造亂源。」一九六九年四月十五日日記：「閱報大陸共黨以國防部長林彪為毛澤東的繼承人，台灣則是以國防部長蔣經國為繼承人，還是槍桿子有力。」幸好雷震批蔣、罵國民黨的手稿遭軍方查扣，才能保存下來，否則會像回憶錄一樣被混蛋焚燬。

大約二十年前，在紐約「榮樂園」川菜館和唐德剛教授聊天，提到了雷震，我仍記得有濃重合肥口音的唐教授批評胡適對雷案的表現「沒有肩膀」，說時還用手敲打自己的肩膀。他的意思是說胡適是雷震最崇拜的人，也是《自由中國》的首任發行人，但雷案發生後，他態度軟弱、不夠硬、不敢抗議到底和蔣決裂。對胡適失望的人，不止唐德剛，殷海光早已對胡適的「容忍論」，感到不滿。胡適是個持重而又溫和的自由主義者，以他的政治敏感度和處世方式而言，他是絕不會和蔣鬧翻的。胡適只會在雷震獄中過六十五歲生日的時候，抄一首楊萬里的〈桂源舖絕句〉送他：「萬山不許一溪奔，攔得溪聲日夜喧，到得前頭山腳盡，堂堂溪水出前村。」

台灣公視林樂群兄二〇〇一年做完孫立人紀錄片後，我即力勸他做雷震紀錄片，因雷震對台灣民主憲政和言論自由的貢獻太大了。他說雷震的動態影像太少，幾乎沒有，很難做紀錄片，公視只好做宋美齡紀錄片。儘管大家暫時看不到雷震紀錄片，這位偉大的民主鬥士所撒下的種籽，已在台灣島上發芽、茁壯，他將永遠活在台灣人民的心中。

原載於二〇〇三年一月十一日《中國時報》人間版

Ⅲ

藝術家的心靈鴻爪

越戰紀念碑設計人林瓔

Maya Lin, 1959-

四分之一世紀前，仍在耶魯大學藝術系讀書的林瓔，參加「越戰紀念碑」設計競賽獲得首獎，震驚全美，那時林瓔才二十一歲。二十多年來，儘管她設計過住宅、公寓、花園、雕像、景觀、公共藝術、圖書館、博物館、家具、溜冰場、衣服、教堂和麵包店；也設計過頗獲好評的「民權運動紀念碑」以及紀念耶魯准許女生入學的「婦女桌」，但只要提到林瓔，大家還是馬上想到「越戰紀念碑」。二〇〇五年三月，她為美國運通在明尼阿波尼斯設計冬季花園，落成後向來賓解說設計概念，但聽眾提出的第一個問題是請她談談「越戰紀念碑」，林瓔笑著說：「No, not today」。

看淡名利　只想不停創作

林瓔是個大忙人，不僅在紐約蘇活區工作室工作，又要到遍及美歐的工地看進度，更要照顧兩個稚齡女兒，她的丈夫是從事照片交易的丹尼爾．伍夫（Daniel Wolf）。一九五九年出生、身高約一百六十公分的林瓔，雖已名滿天下，但她不講究衣著，一名美國記者說她平時穿著就像一個「匆匆趕去上課而又害怕遲到的大學生」。她為人極其低調，不喜和媒體接觸，亦甚少參加社交活動，最近和前第一夫人希拉蕊一同被選入婦女名人堂，她覺得沒什麼，她已擁有許多榮銜，看淡名利，只想不停地創作。

二十多年來，華人藝術家在美國各行各業大放異彩。名人追悼會一定找馬友友拉大提琴；女星參加奧斯卡頒獎典禮或有錢的新娘選購禮服一定找王薇薇（Vera Wang）；找人設計紀念碑、花園和景觀，第一人選就是林瓔。

林瓔長得有點像中學時代的姑媽林徽音（徽因），她的藝術才華也是來自林家的遺傳。林瓔的祖父林長民，民初做過司法總長，擅長書法，元配早歿，娶了兩個目不識丁的姨太太，第一個姨太太生了才貌超卓的林徽音，第二個姨太太生了四個兒子（桓、恒、暄、烜），老大林桓就是林瓔的父親。

也就是說，徽音和林桓是同父異母姊弟，徽音生於一九〇四年，大林桓十一歲。林桓曾就讀福州英華中學，名作家蕭乾是他的老師，一九七九年蕭乾赴美參加愛荷華國際寫作計畫，林桓曾去看他。林桓曾任職福建協和大學，一九四八年留學西雅圖華盛頓大學主修教育，後來任教俄亥俄州立大學（校園在雅典市），並擔任俄大藝術學院院長。林桓亦是藝術家，他所創作的陶瓷作品為歐美各大博物館蒐藏，一九八九年去世。

林瓔的母親生於上海名醫世家，一九四九年五月共軍打進上海時，已獲名校史密斯學院入學許可，她把護照、入學許可和十元美金縫在衣服和鞋子裡，逃至香港再赴美，在西雅圖認識林桓，即打消就讀史密斯學院計畫。日後和丈夫林桓一起任教俄亥俄州立大學，講授英文及亞洲文學，已經退休。

不知家族事　才華自天成

林瓔個性有點「孤僻」，她坦承自小學六年級以後就沒有親近的朋友和同學，高中第一名畢業，進了耶魯以後，自覺「如魚得水」，非常喜歡耶魯的環境。林瓔的父母親很少跟她談到中國的事情，她完全不知道她有個了不起的姑丈梁思成、姑媽林徽音，三年前《紐約客》雜誌主筆、紐約市立大學教授路易斯．梅南德（Louis Menand，後轉至哈佛教英文）訪問她時順便告訴她有關梁、林兩人的成就，林瓔才恍然大悟。

梅南德告訴她，北京天安門廣場上的人民英雄紀念碑是她的姑丈和姑媽設計的，顯示林家具有設計紀念碑的基因。一九八五年，林瓔的媽媽曾帶兩個在美國出生的孩子到中國大陸旅行，讓他們實地認識正在轉變中的中國。

林瓔和弟弟都不會說中國話，梅南德說林瓔雖愛吃中國菜，但拿筷子的方式不對。林瓔曾到丹麥和日本進修，丹麥人以為她是愛斯基摩人。她在日本鑽研禪宗文化，在丹麥則對喪葬文化特感興趣，花很多時間參觀哥本哈根的墓園。

一九八一年三月她在耶魯選了一門「喪葬建築」課程，剛好「越戰紀念碑」徵求設計圖案，全班一起參加應徵，林瓔脫穎而出。紀念碑施工期間，她休學一年，到華府參與施工和應付各種壓力與批評。一年後轉到哈佛大學設計研究院，因越戰紀念碑所引起的爭論使她無法專心向學，不到一學期即退學，再回耶魯。一九八六年從建築系畢業，第二年耶魯送她名譽博士學位，她現在是耶魯校董。

設計越戰碑　榮辱齊加身

林瓔越戰紀念碑得獎時，反對聲浪排山倒海而來，一群自以為是的越戰老兵和守舊頑固的保守派群起圍攻林瓔，甚至以種族歧視字眼「亞洲佬」（gook）罵她。他們都看不懂林瓔的設計圖，主辦紀念碑競圖的越戰退伍軍人協會背叛她，在紀念碑旁另加三個越戰軍人雕像和美國國旗，設計軍人雕像的菲特烈．哈特（Frederic Hart，紀念碑設計圖得第三名）獲三十萬元酬勞，林瓔只得二萬元，哈特還帶老婆去咆哮林瓔。保守派的德州大富翁裴洛（Ross Perot，一九九二年競選總統）、尼克森的講稿撰述人派德．布坎南（Pat Buchanan）和小說家湯姆．伍夫（Tom Wolfe）等人大罵「亞裔女子」林瓔。幸好《華盛頓郵報》的建築評論家艾卡特（Wolf Von Eckardt）和他的朋友茱迪絲．馬丁（Judith Martin）為林瓔仗義執言，以專家的立場嚴厲反駁保守派和越戰老兵，但林瓔的心裡已受到巨大的傷害，她很少再去華府看她的越戰紀念碑。

林瓔說她當初設計紀念碑時，刻意不去研究越南史和越戰史，也不從亞裔的觀點去思考，同時也不把越戰當成一場悲劇，而是從「死亡也是一種榮耀」的角度出發，又以不貿然破壞華府廣場的自然環境為原則，紀念碑向地下延伸，黑大理石碑刻上陣亡人員名字。幾乎所有的建築與藝術評論家都同意，林瓔創造了前無古人的紀念碑設計風格，為紀念碑的設計立下了他人難以企及的水準，她的「越戰紀念碑」已成為藝術史上不朽的標誌。

梁啟超曾以「清水出芙蓉，天然去雕飾」這句話送給兒子梁思成和媳婦林徽音，其實這句話亦可轉送給林瓔。

原載於二〇〇五年十月二十日《中國時報》兩岸新聞版

飽嘗白色恐怖的藍儂

John Lennon, 1940-1980

據柏克萊加州大學出版的專書透露，尼克森總統於一九七二年初曾親自下令聯邦調查局長胡佛對英國名歌手約翰・藍儂進行「政治偵防」，以跟蹤、監視、竊聽和拆信等方式，調查藍儂與反越戰活動及激進團體的關係。尼克森政府並傾力阻撓藍儂向美國移民局申請綠卡，且試圖迫使移民局將其驅逐出境。藍儂於一九六九年在加拿大蒙特婁所錄製的〈給和平一個機會〉（Give Peace a Chance），成為全球反戰運動的一首聖歌。

現任教爾灣加州大學的約翰・韋納（John Wiener），一九六四年就讀普林斯頓大學時，適逢以藍儂、保羅・麥卡尼（Paul McCartney）、喬治・哈里森（George Harrison）

和林哥．史塔（Ringo Starr）所組成的「披頭四」（The Beatles）合唱團在電視節目《蘇利文時間》首演，韋納從此即成為「披頭四」迷，並矢志以社會史和文化史角度研究熱門音樂（搖滾樂）對二十世紀後半期美國社會的衝擊。但在研究過程中，韋納把焦點轉移至藍儂身上，六年前韋納發表《在一起：約翰．藍儂在他的時代》（*Come Together: John Lennon In His Times*，伊利諾大學出版）；最近則由加大推出《給我一些真相：聯調局約翰．藍儂檔案》（*Gimme Some Truth: The John Lennon FBI Files*）。

韋納教授為了撰寫藍儂傳，早在一九八一年即依據〈資訊流通法案〉（FOLA）向中情局、聯調局和移民局申請藍儂檔案。移民局很慷慨將所存資料拷貝一份給韋納；中情局亦提供資料，但藍儂並非該局偵防對象，故資料不多。唯獨聯調局故意拖延，一拖十年方始交出三分之二的資料，而且絕大部分被粗黑墨塗掉，有等於無。據了解，聯調局的藍儂檔案共有二百八十一頁。憤怒而又沮喪的韋納乃委請律師控告聯調局，初審敗訴，上訴舊金山聯邦第九巡迴上訴法院獲勝，三名上訴法官裁定聯調局所稱藍儂檔案與國家安全有關的辯詞，不足採信，要求該局應盡最大可能以滿足被告的要求。韋納事後雖獲得較多的資料，但仍有部分重要檔案遭聯調局留中不發。

耽溺煙毒中　死於歌迷槍下

尼克森於一九七二年年初獲悉藍儂等反戰歌手計劃利用共和黨全國代表大會夏天在邁阿密開會時，舉行一場「政治烏士托」（Political Woodstock）演唱會以騷擾共和黨開會。尼克森即囑白宮幕僚長哈德曼打電話給聯調局長胡佛，對藍儂展開秘密政治偵防工作。一向酷愛蒐集名人私生活資料、並仇視所有左派與自由派人士的胡佛，當即命令紐約、洛杉磯、聖地牙哥和華盛頓等地聯調局辦事處幹員開始跟監藍儂。聯調局的一些線民亦奉命打藍儂的報告。韋納發現，白宮和聯調局一直對藍儂尾隨不放，藍儂於一九七〇年「披頭四」解散後，大部分時間居停紐約，預備申請永久居留證（綠卡），但尼克森政府不但阻撓藍儂申辦綠卡；且不讓藍儂的日裔妻子小野洋子來美團聚，而使這對夫妻分離十八個月。不僅如此，白宮甚至想盡辦法要把藍儂趕出美國。韋納指出，藍儂雖是個藝術家，卻是個鬥士，他挺身和白宮、聯調局、移民局對抗，毫不畏懼，尼克森、哈德曼和胡佛等人恨透了他，必欲除之而後快，但藍儂絲毫不退縮。

聯調局對藍儂的秘密偵防於七〇年代中期停止，藍儂也拿到了綠卡，但自一九七五年至一九八〇年期間，藍儂在紐約曼哈頓七十二街中央公園附近的達科他高級公寓，過著幾乎是足不出戶的隱士生活。在這段時期，藍儂歷經憂鬱症、自我否定和煙毒的煎熬。就在他逐漸站立起來，奮力振作，準備在歌曲創作的航路上再出發的時候，卻被無情的子彈所擊倒。一九八〇年十二月八日深夜十一時左右，藍儂從唱片公司錄音室灌完唱片回到公寓，在大廈門口遭精神不正常的歌迷查普曼（Mark David Chapman）開槍射死，終年四十歲。

披頭四旋風　象徵叛逆反抗

藍儂遇害的消息傳出，全球歌迷如喪考妣，此後一個禮拜，每天二十四小時有數百或數千名歌迷聚集在達科他大廈前，吟唱藍儂生前的作品。

通俗音樂史家表示，三〇年代是「低音歌王」平克勞斯貝（Bing Crosby）的時代，四〇年代是「瘦皮猴」法蘭克辛納屈（Frank Sinatra）的時代，五〇年代是「貓王」艾維斯普利斯萊（Elvis Presley）的時代，六〇年代則是「披頭四」的時代。

「披頭四」的披頭長髮、他們的歌聲以及他們的年輕與帶有童稚的笑容，使美國人暫時忘掉甘迺迪總統遇刺的悲劇和哀傷。甘迺迪在英華之年的慘死，為六〇年代揭開了動盪不安的序幕，美國失去了純真與無辜，「披頭四」的歌曲為六〇年代賦予鮮明而又特殊的色彩，它不同於爵士樂，更不同於美國的鄉村或西部（C&W）、節拍與藍調（R&B）。在「貓王」艾維斯普利斯萊已經褪色的時候，「披頭四」應運而生，象徵一個新時代的開始，一個充滿叛逆、反抗、刺激和迷惘的動亂年代的開端。

美國歌手兼詩人鮑布·狄倫（Bob Dylan）為六〇年代的擾攘定下了基調、預示了不安與衝突，「披頭四」則唱出了年輕人的苦悶、徬徨與憧憬。六〇年代也是搖滾樂大行其道的時代，海灘小子、四季、至上、滾石、誘惑、赫曼的隱士、賽門與葛芬柯以及彼得、保羅和瑪麗等合唱團，加上鮑比·溫頓、山姆·庫克、羅伊、歐比森、卡本特和瓊安·拜茲①等歌手，以及數不清的動聽歌曲，證明六〇年代絕不是一個沉寂的年代。一九六五年八月十五日，「披頭四」在紐約市皇后區法拉盛大都會（Mets）棒球隊根據地謝亞球場，舉行露天演唱會，五萬五千歌迷如醉如癡，當時一張票賣五元六角，如在今天，當在百元以上。

「披頭四」在全球掀起無法抵擋的旋風和「披頭狂」（Beatlemania），他們到了東京、香港，身處戒嚴地區台灣的歌迷，只能在電視上觀賞海外迷哥迷姐的發燒。在全球舞台上疲於奔命的「披頭四」於一九六六年八月二十九日在舊金山結束演唱會之後，決定不再公開演唱，而以灌唱片為主。藍儂在一九六九年曾私下表示要脫團，麥卡尼勸他留下，但麥卡尼本人卻在一九七〇年公開宣布離隊，「披頭四」終於解散。不少人認為，「披頭四」拆夥的原因是藍儂和他的日裔妻子、前衛派畫家小野洋子，熱中於激進政治和反戰運動；有人認為是小野洋子從中挑撥離間；也有人認為是藍儂和麥卡尼不合，漸行漸遠。儘管「披頭四」成名不到十年即告解散，他們不朽的歌曲已在二十世紀佔有光輝的一頁，他們有二十支歌曲在排行榜上高居第一。《時代》雜誌評選二十世紀最偉大的一百名藝術家和演藝者，「披頭四」名列搖滾樂第一名。

藍儂可說是「披頭四」中最有深度的作曲家、演唱家和音樂詮釋者，他不只是一個只會關在錄音室錄製唱片的人，他也不是一個只會在舞台上彈奏吉他的歌手；他關心政治和文化；他關心世界的和平與人類的苦難；古巴領導人卡斯楚稱頌他是英雄，並不過譽。在六〇年代越戰高峰期，他就和小野洋子在阿姆斯特丹、蒙特婁等地舉行「為和平而上床」（Bed-Irs for Peace）的獨幕行動劇；他明知聯調局幹員到處監視他，他照樣堅持信念，為和平而獻身。

音樂夢想家 堅持人道關懷

藍儂是個走在尖端的先知歌手和尋夢人，也是一個充滿幻想而又天真的人，他在〈幻想〉（Imagine）的曲子中，自稱是夢想家，只要把許多夢想家集中在一起，世界終會敢言。藍儂對理想世界的幻想、對烏托邦的憧憬，代表了全世界的年輕人對未來的好奇與盼望。他的歌曲與歌聲，道出了年輕一代（甚至包括中年一代）的心聲，就像「披頭四」的歌曲和歌聲一樣，藍儂也是永恆的。但藍儂更富於人道的理想和關懷的精神，具有政治與文化的弦外之音，這就是二十世紀的偉大歌聲和人間天籟，亦為藍儂不朽之處。

藍儂已死了二十多年，離開他愈久，世人愈加懷念他，紐約中央公園紀念他的「草莓田」（Strawberry Field），每天都有人憑弔他，十二月八日則是人潮洶湧。藍儂的早逝，使大家都覺得寂寞，但他的歌聲卻又使大家感到世界充滿了希望與真情。

原載於二〇〇〇年十二月十八日《中國時報》

註釋：

①六〇年代樂團和歌手中英文名如下：海灘小子（The Beach Boys）、四季（The Four Seasons）、至上（The Supremes）、滾石（The Rolling Stones）、誘惑（The Temptation）、赫曼的隱士（Herman's Hermits）、賽門與葛芬柯（Simon & Garfunkel）、彼得、保羅和瑪麗合唱團（Peter, Paul & Mary）、鮑比．溫頓（Bobby Vinton）、山姆．庫克（Sam Cooke）、羅伊．歐比森（Roy Orbison）、卡本特（Carpenters）。

懷舊文化中的瑪麗蓮夢露

Marilyn Monroe, 1926-1962

一九六二年八月五日，名滿全球的性感影星瑪麗蓮夢露於洛杉磯自宅仰藥自殺身亡，終年三十六歲。消息傳出後，舉世震驚、四海同悲！兩個多月前才在紐約麥迪遜室內體育館為甘迺迪總統獻唱「生日快樂」的夢露，為什麼突然撒手人間？一個看似快樂、滿足而又紅遍世界的「肉彈」，為什麼要吞下一百多粒巴比妥酸鹽（barbiturate）鎮靜劑？以娛悅大眾為業的藝人，為什麼要以悲劇性的手法結束自己的生命？

成名之前　顛沛流離三餐不繼

夢露死了數十年，全世界的人懷念她數十年。她已從一個單純的性感影星變成膜拜偶像（icon），在大家的心目中，她和《木馬屠城記》的海倫一樣，魅力永存、萬古長青。

夢露出身於南加州一個破碎的寒微家庭，她是個私生子，父親不詳，母親患有頗為嚴重的精神病。夢露在十五歲以前輪流住過十三個孤兒院、育幼院和寄養之家。小時候經常衣食無著，直到她成年以後，三餐不得溫飽的情況還是常發生。二十三歲那年，因付不出房租（一月五十美元），而讓人拍攝月曆彩色裸體照片，代價就是五十美元。夢露在影壇上稍有名氣後，這張裸照曾為她帶來麻煩，二十世紀福斯公司於一九五二年二月接到一通匿名電話，宣稱該公司的新進女星瑪麗蓮夢露曾拍過裸照。在保守的五〇年代，女人拍裸照等於男人當共產黨一樣「罪惡」。匿名電話勒索一萬美元，否則裸照將公諸於世，以打擊福斯公司和夢露。福斯希望夢露公開否認拍過裸照，但誠實的夢露坦然告訴公司，她拍過裸照，「因為，我沒飯吃」。

福斯拒絕被敲竹槓，結果夢露裸照一夜之間在全美各地加油站、理髮店和酒吧的牆壁上出現。

裸照風波　反而使她名揚天下

一九五三年秋天，休・海夫納（Hugh Hefner）以五百美元買下夢露裸照版權，登於《花花公子》創刊號內頁，創刊號並以夢露為封面人物（這本創刊號當時一本賣五角，現值四千至七千美元）。夢露裸照非但沒有摧毀她的影劇生涯，抑且使她名揚天下，並助成海夫納拓展他的「性解放運動」。

夢露從影十六年，共拍了二十九部電影，其中比較膾炙人口的是《飛瀑怒潮》（*Niagara*）、《大江東去》（*River of No Return*）、《七年之癢》（*The Seven Year Itch*）、《巴士站》（*Bus Stop*）、《熱情如火》（*Some Like It Hot*）。夢露是個極有天分的喜劇演員，在比利・懷德（Billy Wilder）導演的曠世喜劇片《熱情如火》中，夢露、傑克李蒙（Jack Lemmon）和湯尼・寇蒂斯（Tony Curtis）三人擔綱，皆有超水準的演出。在銀幕上，夢露狀似「笨金髮」（dumb blonde），其實她不是。她是一個善解人意、深通世故的人，由於童稚時代的不幸遭遇，她又是一個頗具惻隱之心的人。就因她的善良與脆弱，許多影星、政客和巨商大賈，垂涎她的肉體，利用她、操縱她，使她在恐懼中找不到安全感。從小缺乏安全感的夢露，一直到她厭世那天，還是沒有尋覓到生命的避風港。

三次婚姻　始終未覓得避風港

夢露的原姓名為諾瑪・珍・貝克（Norma Jeane Baker），一生結婚三次。第二任丈夫為洋基棒球名將狄馬喬（Joe DiMaggio），一九五四年一月結婚，十月離婚。第三任丈夫為名劇作家亞瑟・米勒（Arthur Miller），一九五六年結婚，一九六一年離婚，其間兩度流產。夢露死後，狄馬喬每天派人送鮮花至其墓園，持續好幾年。夢露與狄馬喬分手後，兩人一直保持良好關係，每當夢露心情鬱悶，一定會找狄馬喬。據稱，夢露自殺前不久，曾和狄馬喬談妥兩個人於一九六二年八月八日再婚，但八月五日（美西時間）凌晨夢露死了。

在夢露的一群入幕之賓裡面，最有名的就是甘迺迪兄弟（約翰和羅伯特）。曾於一九六一年當面告訴英國首相麥米倫（Harold Macmillan）：「三天不能沒有女人，否則就會有劇烈頭痛」的甘迺迪總統，是經由其妹夫影星彼得·勞福（Peter Lawford）和「瘦皮猴」法蘭克辛那屈的介紹而認識夢露。羅伯特看到哥哥手中有太多的獵物，自己亦食指大動，偷偷染指夢露。

甘迺迪聽到夢露在好萊塢到處宣揚總統和她有染時，即派人向媒體打點，邊否認邊壓制。但自己有斷袖之癖卻又酷愛刺探政客私生活的聯調局局長胡佛，對甘家兄弟與夢露的關係，則瞭若指掌。夢露尋求短見的原因，至今未明，有的說她被羅伯特·甘迺迪逼死，有的說是甘家兄弟叫黑手黨作掉夢露，有的說是夢露自己不想活下去了。當年的蘇聯媒體一直強調夢露之死是一椿「政治謀殺」。

死亡之謎　甘家兄弟難脫關係

夢露雖已墓草久宿，但她的美艷笑貌、噴火身材、磁性聲音和一副純真無邪的臉孔，卻是永恆的。她的猝然離去，對世人而言，似乎是一件「恍然如昨」（Only Yesterday）的事。夢露在五〇、六〇年代，一個人扭腰擺臀地造成全球性的大轟動，在冷戰年代和擾攘不安的世局中，夢露的性感，為世人帶來了解脫和前所未有的快感，她開拓了一個嶄新的情慾世界。在二十一世紀的門檻，在情色無限氾濫的今天，回望夢露的一顰一笑和柳腰款擺，更會覺得夢露的獨特味道與風格，隨著歲月的推移而更顯可愛、迷人，無怪乎〈時代〉周刊把她選為二十世紀最有影響力的百名人物之一，又推崇她是「本世紀最甜美的性象徵」（The most delectable sex symbol of the century）。

和夢露同時代的珍曼絲菲（Jayne Mansfield）、法國的碧姬芭鐸（Brigitte Bardot），以及最愛模仿她的瑪丹娜，都不是可以和夢露媲美的。美國人是一個極其矛盾的民族：一方面頗為健忘，一方面卻又深深懷舊。尤其是對曾掀起過時代狂瀾或製造過社會風潮的人物，時間愈久，愈令美國人懷念不已。崇拜英雄和風雲人物，本為人類天性，但在新大陸尤為顯著。從一個博大的視野來看，對英雄和風雲人物的追摹與懷念，不僅可以連結過去與現在，賦予歷史以新鮮的意義，而且能夠充實社會與文化的內涵，使大眾生活不致太過貧乏。

後世懷念　三百多本傳記面世

四十年來，西方世界已出版了三百多本夢露傳記；名作家諾曼·梅勒（Norman Mailer）和女性主義者葛蘿莉亞·史丹楠（Gloria Steinem）寫過分析夢露的長篇文章，普林斯頓大學文學教授兼作家喬伊絲·卡蘿·歐提斯（Joyce Carol Oates）寫過以夢露為背景的小說。名畫家安迪·渥荷（Andy Warhol）畫過夢露的系列畫像，美國郵政總局於一九九五年發行過一套精緻的夢露郵票。夢露離開世人愈久，大家愈懷念她。事實上，懷念夢露、眷戀夢露，不但是美國懷舊文化中的一個珍貴元素，更是全世界鄉愁文化中的一個重要環節。唯有通過這個環節，天涯海角才會有「若比鄰」的感覺；從夢露所散播的魅力遺風中，世人也許可以找到和平。

美國文化和美國的生活方式，包括了可口可樂、麥當勞、李維牛仔褲、熱門音樂和瑪麗蓮夢露。夢露和詹姆斯狄恩（James Dean）、貓王艾維斯普利斯萊，都是短命的藝人，也是世人膜拜的偶像。但是，夢露的自殺，卻象徵了動盪的六〇年代的來臨，她死後十五個月，約翰·甘迺迪死了；她死後六年，羅伯特·甘迺迪也死了。

夢露生前，豐富了美國文化，死後又長留去思。為時代和社會留下投影的人，歷史之神必會善待她。

原載於二〇〇二年八月五日《中國時報》國際話題版

美國樂壇第一夫人瑪麗安・安德遜

Marian Anderson, 1897-1993

一九九三年四月八日以九十六歲高齡去世的美國黑人女低音歌唱家瑪麗安・安德遜，一生充滿了波折與傳奇。她的歌聲，大指揮家托斯卡尼尼（Arturo Toscanini）譽為「百年難得一聞」；她的遭遇，譜出了美國近代民權運動的先聲；她的人道主義，喚醒了美國人民對中國艱苦抗戰的深切同情。

一九四三年一月八日晚上，安德遜應「美國革命之女」（DAR）協會的邀請，於華府憲政廳舉辦了一場演唱會，這場音樂會的收入全部捐給「中國救濟聯合會」，以援助飽受戰亂的中國軍民。華府一月的天氣雖然寒風刺骨，憲政廳卻座無虛席，中國駐美大使魏道明夫婦、羅斯福總統夫人伊蓮娜、內閣閣員和最高法院大法官都出席了盛會，聆聽安德遜的天籟之音。

憲政廳的演唱會雖是為支持中國抗日而舉行，然而，對安德遜個人而言，卻是一場精神上、道德上與職業上的「凱歌歸」！一九三九年，安德遜計劃在憲政廳開一場演唱會，擁有該廳管轄權的「美國革命之女」協會竟然拒絕租借場地，理由是：安德遜是黑人！這場種族歧視風波，演變成近代美國最有名的一次政治風暴，並改寫了民權運動的走向。

一九三九年二月，黑人高等學府霍華德大學（Howard University）向「美國革命之女」協會商借憲政廳，舉行安德遜演唱會，未料協會竟以有色人種不得使用憲政廳為由，拒絕霍華德大學所請。「美國革命之女」協會是一個歷史悠久的愛國組織，創立於一八九〇年，會員全為女性，入會資格限於美國革命先烈的後裔，這個組織後來變成極保守而又偏見十足的白人婦女聯盟。羅斯福夫人伊蓮娜聽到安德遜被拒絕在憲政廳演唱的消息後，立即退出「美國革命之女」協會，以示抗議。伊蓮娜的「義舉」，馬上獲得許多協會會員的響應，紛紛退會，協會的種族歧視政策亦飽受抨擊。蓋洛普主持的公共意見研究所對安德遜事件作了一次民意測驗，百分之六十七的人贊成伊蓮娜「退出美國革命之女」協會。一名共和黨婦女公開讚揚伊蓮娜表現了第一夫人的良知。

美國有色人種促進會會長懷特和安德遜的經理胡洛克認為，既然不能在憲政廳演唱，何不在林肯紀念堂舉行一場免費的露天音樂會，不僅能吸引更多的聽眾，更可藉此公開聲討瀰漫於美國社會的種族主義。由於林肯紀念堂由內政部管轄，懷特和胡洛克乃商之於內政部長伊克斯。伊克斯立刻同意，並自願擔任音樂會主席，羅斯福總統亦欣然批准這項建議。

一九三九年四月復活節的下午，七萬五千人聚集在林肯紀念堂前的大廣場，靜聆安德遜演唱古典名曲、美國民謠和黑人靈歌。黑人女歌唱家在黑奴解放者的雕像前，唱出了受壓迫民族的心聲，亦表達了她對自由、平等與博愛的嚮往。這場演唱會揭開了美國近代民權運動的序幕，亦使安德遜的名字永留青史。

安德遜於一八九七年生在費城一個貧窮家庭，十歲喪父，母親幫人洗衣服維生。安德遜常說，她的歌唱天賦乃是上帝所賜，三歲即能唱歌，六歲加入教堂唱詩班，但直至十五歲始接受正規音樂教育與訓練。一九二五年參加紐約愛樂交響樂團舉辦的歌唱競賽，三百人與賽，安德遜掄元。同年八月，安德遜在愛樂交響樂團首次正式登台演唱，但是，由於膚色的關係，安德遜的歌壇前途並不看好，亦難有發展機會；於是她矢志前往歐洲「打天下」，並計畫在歐洲尋訪名師，繼續深造。

歐洲可以說是安德遜發跡的地方，歐洲豐厚的藝術文化、嚴格的聲樂教育和歐洲人的求才若渴，奠定了安德遜的歌唱地位。從維也納到北歐，從倫敦到巴黎，安德遜風靡了整個歐洲，她的音色之美、台風之雅以及涵蓋歌曲之廣，使歐洲樂評家讚歎不已。巴哈與韓德爾的神劇選曲，舒伯特、布拉姆斯、舒曼與拉赫曼尼諾夫的歌曲，韋爾第的抒情曲，美國民謠與黑人靈歌，都是安德遜的拿手之作。

安德遜於一九三五年十二月凱旋回美，在紐約獻唱，《紐約時報》樂評家霍華·泰伯曼稱她為「當代最偉大的歌唱家之一」。不過，安德遜在自己國家所受到的歡迎程度，卻遠不及歐洲，種族歧視的偏見使她經常「歌唱無門」，缺乏合同、沒有場地，在白人的心目中，「黑人怎麼能唱高級歌曲？」英王喬治六世於一九三六年訪美時，伊蓮娜曾邀請她到白宮演唱，但少數開明人士對她的贊助和鼓舞，並未能化解一般人的成見。直至一九三九年被拒在憲政廳演唱事件之後，安德遜始逐漸破除種族主義的藩籬，但美國「上流社會」的胸襟依然是「迎風半戶開」，安德遜遲至一九五五年始獲邀請在紐約大都會歌劇院演唱韋爾第的《化裝舞會》，然而安德遜也五十七歲矣，她的黃金時代早已消逝了。

安德遜本人就像她的歌聲一樣，輕柔祥和，她不像日後的黑人民權鬥士動輒走上街頭，或演說抗議，或示威遊行，她不是一個激進派，她以不屈服、不妥協來顯示她的執著，她把白人的種族偏見與仇恨化成自己的向上意志，在藝術上昇華。

美國人把安德遜當「國寶」的時候，她已垂垂老去。一九五七年艾森豪就任總統時，請她在就職典禮上演唱，一九六一年甘迺迪亦請她在就職典禮上一展歌喉。一九六五年四月十八日，她在紐約卡內基音樂廳舉行告別演唱會。

目前美國聲樂界最紅的女歌唱家都以她為榜樣。傑西諾曼（Jessye Norman）說，她在十歲時，聽到安德遜的歌聲，感動得眼淚奪眶而出；蕾安婷普萊斯（Leontyne Price）說，安德遜的敬業、完美主義、恆心和明朗的個性，使她油然而生「有為者亦若是」的進取之心。

安德遜在藝術上和道德勇氣上充分發揮了「前人種樹」的開拓精神，在退休後又設立「瑪麗安．安德遜獎章」以提攜後進，使有志於聲樂生涯的年輕男女，不分黑白，都可以在優厚的獎金下得到庇蔭。

做一個音樂家不難，要做一個讓世人崇仰的人道主義音樂家則難上加難，安德遜一生的成就即是至高至尊的楷模。

原載於一九九三年四月十七日《中時晚報》

納粹美學家里芬絲陀

Leni Riefenstahl, 1902-2003

納粹德國的紀錄片製作人蕾妮．里芬絲陀，被公認為影藝界的天才，也是最具創意的政治宣傳家。這位美女製片人一生充滿爭議，尤其是她和希特勒的關係以及宣揚納粹掌權的紀錄片，使她「名滿天下、謗亦隨之」。

二〇〇三年九月十日《紐約時報》同時刊登「氫彈之父」愛德華．泰勒（Edward Teller，終年九十五歲）和里芬絲陀（終年一〇一歲）的死訊及生平，里芬絲陀的篇幅比泰勒還大。從三〇年代直到今大，世人對里芬絲陀的興趣和正反看法，從未消失；二〇〇七年春天又有兩本她的傳記出版，再度激起評價辯論。

里芬絲陀是一位純粹追求「美」的藝術家呢？還是一個為虎作倀的納粹宣傳打

手？她是位不問政治、只講專業的製片人呢？還是一個利用希特勒賦予她的特權以滿足其成就感的機會主義者？里芬絲陀生前不斷地撒謊、歪曲、編故事、假裝無辜、捏造事實為自己洗刷的種種手段，只會延續爭議的火花而掩蓋了歷史的真相。

里芬絲陀原本是舞蹈家和電影明星，一九三二年改行做導演，希特勒非常欣賞她的才華，她也心甘情願地施展其才貌為納粹服務。里芬絲陀一生最大的成就和使其揚名於世的是兩部作品。第一部是她應希特勒之邀於一九三四年拍攝納粹在紐倫堡舉行的黨大會：《意志的勝利》（*Triumph of the Will*）。這部紀錄片利用各種創新技巧，為納粹黨的崛起呈現奇佳的視覺效果，而使一項沉悶的政治集會變成一部空前絕後的藝術作品。里芬絲陀花了兩年剪輯長達二百五十英哩的毛片，奠定她在視覺藝術和政治宣傳史上的地位。

里芬絲陀的第二部不朽作品是拍攝一九三六年的柏林奧運：《奧林匹亞》（*Olympia*）。里芬絲陀率領一百七十名攝影師和技術人員攝製了奧運史上最精采動人、最有深度的紀錄片（分上下兩部），其成就至今仍未被超越。《奧林匹亞》雖係由德國奧委會委託里芬絲陀拍製，但在經費、製作、人力與技術上獲得納粹宣傳部大力支援而遭到抨擊。納粹宣傳部長戈培爾（Joseph Goebbels）極為嫉妒里芬絲陀，但她有希特勒撐腰而免受納粹宣傳機器的牽制。

七十多年來，《意志的勝利》和《奧林匹亞》一直不停地在世界各地的電視台和電影圖書館播放，亦製成了錄影帶和 DVD，更是全球電影專業學生研究的題材。即使是不齒里芬絲陀與納粹掛鈎的評論家，亦一致讚歎她在這兩部紀錄片的超凡成就。美國評論家蘇珊．桑塔格則稱她所展示的是「法西斯美學」。

一九四五年納粹被擊敗後，里芬絲陀曾遭盟軍以「去納粹化」的理由拘留四年，前兩年由美國看管，後兩年則遭法國扣押。戰後二十年，里芬絲陀隱姓埋名，後來才慢慢復出。她否認她是納粹黨員，亦否認與希特勒有男女關係。她始終堅持不知道納粹屠殺六百萬猶太人和二百多萬吉普賽人；她也不承認是為納粹做宣傳，她說她是以藝術工作者的身分追求動力美感，而不涉及政治。

然而，在許多出土的檔案和文獻裡，卻證明她和納粹關係極深，同時也是希特勒的崇拜者。一九四〇年，納粹攻進巴黎後，她發了一封熱情洋溢的電報給希特勒，祝賀他占領法國。里芬絲陀說她最後一次見到希特勒是在一九四四年三月，她把剛結婚的納粹軍官丈夫介紹給希特勒。里芬絲陀說，希特勒那時顯得很蒼老，兩手不停地顫抖，「但仍像過去一樣散發著魔力」。

里芬絲陀於一九八七年出版德文回憶錄，五年後始被譯成英文，西方書評家對這部六百多頁的回憶錄褒多於貶。儘管她仍為自己的「無辜」而辯護，她那多采多姿的一生，的確能引起讀者的興趣。里芬絲陀身材嬌小，然意志堅強，極具冒險精神，七十多歲才開始學潛水，一直潛到九十多歲。她只結過一次婚，但有無數情人，沒有子女；晚年和一位小她四十二歲的攝影家同居，直至去世。

原載於二〇〇七年四月一日《中國時報》全球特派員版

塑造紐約面貌的都市建設大師莫西斯

Robert Moses, 1888-1981

二〇〇七年春天紐約有三大博物館聯合展出都市計畫兼公共建設大師羅伯特・莫西斯的生平與貢獻。

一九八一年以九十二歲高齡去世的莫西斯是紐約歷史上的一個傳奇人物。他的官銜只是紐約公園局長兼三區大橋管理處長，但他卻徹頭徹尾改變了紐約市和長島的面貌。換言之，紐約和長島變成今天這個樣子，就是他隻手造成的。

猶太裔的莫西斯在耶魯和牛津讀過書，並在哥倫比亞大學獲政治學博士學位。從二〇年代至六〇年代，他為紐約興建了長達四百多英里的高速公路和跨區大橋，把市區和郊區連結起來；他為紐約開闢了六百多座公園、遊樂場、海水浴場、游泳池；他使中央公園成為綠色寶藏；他開發了林肯中心和聯合國大廈。他為都市計畫、都市設計、都市改造和都市復興賦予了嶄新的意義。但最重要的是，他為紐約和長島留下永恆的烙印。

莫西斯一生開路架橋，大力推廣汽車文化，但他不會開車；他從未競選公職，官銜也只是局長和處長，但他的權力卻比州長或市長還大，有人說甚至超過州長與市長加起來的權力。他在一九二四年出道，一九三四年開始做官做到一九六八年，歷經六個州長和五個市長。他身高只有一六五公分，但他的智慧、遠見和氣魄，卻令人仰之彌高。

莫西斯一直是紐約人心目中的巨人，但這形象卻在一九七四年被長島《新聞日報》（*Newsday*）記者羅伯特．卡洛（Robert A. Caro）所寫的《權力掮客：羅伯特．莫西斯及紐約的衰落》（*The Power Broker: Robert Moses and the Fall of New York*）這本書徹底打破。《權力掮客》厚達一二八六頁，作者用七年時間寫成，出版後大獲好評，連得普立茲獎和派克曼（Francis Parkman）獎，再版無數次，並被二百多所大學研究院列為都市研究必讀。

普林斯頓畢業的卡洛參閱了浩如煙海的檔案，訪問了五二二人（第七次訪莫西斯時，莫西斯因對卡洛所提問題不悅而下逐客令，從此拒訪）。卡洛在《權力掮客》中強烈批評莫西斯對紐約和長島的毀壞遠多於建設。為了配合郊區的發展並迎合汽車文化的興起，莫西斯以強制手段迫使數十萬人遷居，摧毀了許多傳統社區，以便興建高速公路，但這些設計有問題的公路卻造成今日紐約上下班大塞車的現象。卡洛指責莫西斯當年完全漠視發展公共交通系統，而留下了嚴重的後遺症。

卡洛並抨擊莫西斯的都市建設帶有種族主義色彩，例如他下令遷移或剷除的住宅區和社區，都是黑人貧民區。而莫西斯在推動公共建設中所展現的權力傲慢、揮霍無度以及忽略人文景觀的平衡發展，亦受到卡洛的嚴厲譴責。卡洛認為紐約今天在硬體上的一些缺失，幾乎皆是莫西斯造成的。

莫西斯在權力頂峰時期亦曾遭挑戰而受重挫。莫西斯一度打算在曼哈頓下城興建一條貫穿格林威治村的高速公路，此項計畫將會徹底摧毀格林威治村的特殊面貌。一位名叫珍．雅柯絲（Jane Jacobs）的女士挺身而出反對莫西斯的構想，並鼓勵市民走上街頭抗議，她自己亦因示威而被捕，但眾志成城，民意終於阻止了莫西斯。雅柯絲於一九六一年出版《美國大城市的生與死》（*The Death and Life of Great American Gities*），強調鄰居、社區和都市計畫的重要性，對都市研究極具影響力。

卡洛的《權力掮客》已問世三十三年，莫西斯亦已去世二十六年；最近卻有一些哥大歷史教授和都市計畫教授對莫西斯研究採取修正主義觀點，極力稱揚其貢獻，並批評卡洛「妖魔化」莫西斯的謬誤。這些哥大教授和紐約市立博物館合作在三個地點舉行莫西斯建設紐約的回顧展，全面肯定其貢獻。最可笑的是，那些哥大教授和主辦單位在召開莫西斯研討會時拒絕邀請卡洛參加，但一名捐款贊助回顧展的大富豪堅持要找卡洛出來演講。七十出頭的卡洛是個有脾氣的人，他也不屑與那些哥大學院派教授同台，他自己單獨發表演講，滿場爆滿。過去三十年，卡洛全神貫注撰寫詹森總統全傳，準備出四本，已出了三本。前兩冊獲全國書評圈獎，第三冊則使他第二次獲得普立茲獎。卡洛說他最感興趣的是權力人物如何運用權力。

平心而論，莫西斯對紐約的貢獻有功亦有過，他有博大的眼光，他認為紐約不只是一個城市，而是一個廣大的區域組合，因此他積極擴大紐約的公路網，全然改變紐約的地形面貌，但也種下不少惡果。而他在建設過程中，過度使用政治權力、罔顧民生與民意的強悍作法，徒使無數人身心受創，家園被毀。

莫西斯施展權力亦玩弄權力，但他絕未想到自己的官運和地位最後卻被一個比他更會玩弄權力的政客所摧毀。這個厲害的政客就是紐約州長納爾遜·洛克菲勒。洛氏上台後，完全架空莫西斯，他的時代也就跟著結束了。

原載於二〇〇七年四月四日《中國時報》國際新聞版

文化與社會

薩依德精選Edward W. Said

當代最傑出的文化評論家
西方學術界卓然特立的知識份子典型
以東方學論述開啓二十世紀末葉後殖民思潮

文化與抵抗

沒有種族能獨占美、智與力，
在勝利的集合點上，
所有種族都會有一席之地。

聯合報讀書人最佳書獎
讀書人版、誠品好讀書評推薦
ISBN: 986-7416-04-X
定價：300元

鄉關何處

薩依德的流離告白

美國紐約客雜誌年度最佳書獎
2000年紐約書獎
安尼斯菲爾德一伍夫書獎。

聯合報讀書人最佳書獎、中時開卷版、誠品好讀、自由時報副刊書評推薦
ISBN: 957-0411-04-X
定價：350元

遮蔽的伊斯蘭

西方媒體眼中的穆斯林世界

任何人若想要知道西方與去殖民化世界之關係，就不能不讀本書。
──《紐約時報書評》

聯合報讀書人最佳書獎、讀書人版、開卷版、誠品好讀書評推薦
ISBN: 957-0411-55-4
定價：320元

文化與帝國主義

這本百科全書式的作品，極實際地觸及歐洲現代史的每件重大帝國冒險行動，以史無前例的細膩探討19世紀法國、英國殖民系統的謀略，橫跨小說、詩歌、歌劇至當代大眾媒體的文化生產領域。
──London Review of Books

聯合報讀書人最佳書獎
中時開卷版書評推薦
ISBN: 957-0411-09-0
定價：460元

東方主義

後殖民主義是20、21世紀之交影，
全球的社會人文領域裡，
最普遍與最深遠的一股思潮
本書是知識份子與一般讀者必讀的經典。

聯合報讀書人最佳書獎、中時開卷版、誠品好讀書評推薦
ISBN: 957-8453-72-8
定價：450元

大師作品

21世紀重要知識份子

杭士基Noam Chomsky

我有一艘小船，所以被稱為海盜；
你有一支海軍，所以被稱為皇帝。

海盜與皇帝

中時開卷版、誠品好讀書評推薦
ISBN: 978-986-6513-35-0
定價：350元

世界上有許多恐怖主義國家，
但是美國特殊之處在於，
官方正式地從事國際恐怖主義，
規模之大讓對手相形見絀。

Peter Gay 彼得．蓋伊

NATIONAL BESTSELLER

弗洛依德傳 Freud: A Life for Our Time

精神分析是辨認二十世紀、
乃至二十一世紀特徵的一種時代口音。

精神分析大師
弗洛依德
在我們的時代

劉森堯推薦 近年所出版最具份量，且最詳實也是敘述風格最傑出的一本書。這顯然是近五十年來，繼鍾斯於1950年代所寫的三大冊《弗洛依德的生活與工作》一書後，最詳實也是最精采的弗洛依德傳記。所動用的資料也是史無前例。

聯合報讀書人最佳書獎、中時開卷版、誠品好讀書評推薦

1856-1905

ISBN:957-0411-61-0
定價：360元

1902-1915

ISBN:957-0411-62-7
定價：390元

1915-1939

ISBN:957-0411-63-5
定價：490元

史尼茨勒的世紀

布爾喬亞經驗一百年
100年來中產階級的生活

彼得．蓋伊在這本大膽、顛覆性的文化史著作中，重新檢視自拿破崙敗於滑鐵盧至一九一四年第一次世界大戰爆發之間的一百年光景。

他帶點挑釁地把這一百年重新命名為「史尼茨勒的世紀」，重新評估十九世紀的文化，精采描繪維多利亞時代布爾喬亞多樣的面貌。
布爾喬亞的挺進仍在持續……

聯合報讀書人、中時開卷版、誠品好讀書評推薦
ISBN:957-0411-91-0
定價：390元

ISBN:957-0411-74-0
定價：340元

威瑪文化

文化評論學者 劉森堯 ◎ 譯

湯瑪斯．曼、里爾克、康丁斯基、韋伯、海德格、阿多諾、班雅明、馬庫色、史賓格勒、田立克、愛因斯坦、荀白克、……創造了威瑪文化「黃金20年代」。

歷史學家的三堂小說課

中國時報開卷版．
聯合報讀書人版書評推薦

最愚蠢的社會，
最細膩的報復！

狄更斯是憤怒的無政府主義者？
福樓拜是患有恐懼症的解剖師？
湯瑪斯．曼是叛逆的貴族？

讀小說的方法不只一種，史學巨擘彼得．蓋伊透過三部寫實主義經典，精采辯證了小說家超越現實的原則，他們對自身時代之蒙昧愚蠢所施展的細膩報復。

ISBN:986-7416-08-2
定價：250元

年度好書在立緒

文化與抵抗
- 2004年聯合報讀書人最佳書獎

威瑪文化
- 2003年聯合報讀書人最佳書獎

在文學徬徨的年代
- 2002年中央日報十大好書獎

菸草、咖啡、酒，上癮五百年
- 2002年中央日報十大好書獎

遮蔽的伊斯蘭
- 2002年聯合報讀書人最佳書獎
- News98張大春泡新聞2002年好書推薦

弗洛依德傳
（弗洛依德傳共三冊）
- 2002年聯合報讀書人最佳書獎

以撒·柏林傳
- 2001年中央日報十大好書獎

宗教經驗之種種
- 2001年博客來網路書店年度十大選書

文化與帝國主義
- 2001年聯合報讀書人最佳書獎

鄉關何處
- 2000年聯合報讀書人最佳書獎
- 2000年中央日報十大好書獎

東方主義
- 1999年聯合報讀書人最佳書獎

航向愛爾蘭
- 1999年聯合報讀書人最佳書獎
- 1999年中央日報十大好書獎

深河（第二版）
- 1999年中國時報開卷十大好書獎

田野圖像
- 1999年聯合報讀書人最佳書獎
- 1999年中央日報十大好書獎

西方正典（全二冊）
- 1998年聯合報讀書人最佳書獎

神話的力量
- 1995年聯合報讀書人最佳書獎

立緒文化事業有限公司　信用卡申購單

■信用卡資料

信用卡別（請勾選下列任何一種）

□VISA　□MASTER CARD　□JCB　□聯合信用卡

卡號：______________________

信用卡有效期限：________年________月

訂購總金額：______________________

持卡人簽名：______________________（與信用卡簽名同）

訂購日期：________年________月________日

所持信用卡銀行______________________

授權號碼：______________________（請勿填寫）

■訂購人姓名：______________________　性別：□男□女

出生日期：________年________月________日

學歷：□大學以上□大專□高中職□國中

電話：______________________　職業：______________________

寄書地址：□□□

____

■開立三聯式發票：□需要　□不需要（以下免填）

發票抬頭：______________________

統一編號：______________________

發票地址：______________________

■訂購書目：

書名：____________、______本。書名：____________、______本。

書名：____________、______本。書名：____________、______本。

書名：____________、______本。書名：____________、______本。

共________本，總金額______________________元。

⊙請詳細填寫後，影印放大傳真或郵寄至本公司，傳真電話：(02)2219-4998

國家圖書館出版品預行編目資料

歷史未遠：世紀人物評點／林博文著.二版.－新北市新店區：立緒文化，民 105.10
面；　公分.（世界公民叢書；38）

ISBN 978-986-360-070-1（平裝）

1. 世界傳記

781　　105017727

歷史未遠：世紀人物評點
（原書名：歷史從此改寫）

出版——立緒文化事業有限公司（於中華民國 84 年元月由郝碧蓮、鍾惠民創辦）
作者——林博文

發行人——郝碧蓮
顧問——鍾惠民

地址——新北市新店區中央六街 62 號 1 樓
電話——(02)22192173
傳真——(02)22194998
E-Mail Address: service@ncp.com.tw
網址：http://www.ncp.com.tw
劃撥帳號——1839142-0 號　立緒文化事業有限公司帳戶
行政院新聞局局版臺業字第 6426 號

總經銷——大和書報圖書股份有限公司
電話——(02)8990-2588　傳真——(02)2290-1658
地址——新北市新莊區五工五路 2 號
排版——伊甸電腦排版有限公司
印刷——祥新印刷股份有限公司

法律顧問——敦旭法律事務所吳展旭律師

分類號碼——781.00.001
ISBN 978-986-360-070-1
出版日期——中華民國 96 年 10 月初版　一刷 (1～3,000)
中華民國 105 年 10 月初版更換封面

定價◎260 元